Richard Herrmann

Schuppes Lehre vom Denken, kritisch beleuchtet

Richard Herrmann

Schuppes Lehre vom Denken, kritisch beleuchtet

ISBN/EAN: 9783743468511

Hergestellt in Europa, USA, Kanada, Australien, Japan

Cover: Foto ©Thomas Meinert / pixelio.de

Weitere Bücher finden Sie auf **www.hansebooks.com**

Schuppe's Lehre vom Denken,
kritisch beleuchtet.

Inaugural-Dissertation

der

hohen philosophischen Fakultät der Universität Greifswald

zur

Erlangung der Doktorwürde

vorgelegt

und nebst den beigefügten Thesen

Montag, den 7. Januar 1895,

mittags 12 Uhr

öffentlich verteidigt

von

Richard Herrmann

aus Unruhstadt.

Opponenten:

Herr Dr. phil. Bruinier, Privatdocent.
Herr Dr. phil. Petri.
Herr cand. phil. Schupp.

ZÜLLICHAU.
Druck von Herm. Hampel.
1895.

Schuppe's
Lehre vom Denken,
kritisch beleuchtet

von

Richard Herrmann

ZÜLLICHAU.
Druck von Herm. Hampel.
1895.

Meinen lieben Eltern

gewidmet.

Für das naive Bewusstsein sind die Verhältnisse der Wahrnehmungen, worunter wir die in Raum und Zeit gekleideten Sinnesqualitäten verstehen,[1]) ebenso gegeben, d. h. sinnlich wahrgenommen, wie diese selbst. Der naive Mensch wird, wenn man ihn darauf aufmerksam macht, zwar die Wahrnehmungen von den zwischen ihnen bestehenden Verhältnissen und Beziehungen zu unterscheiden wissen. Aber er wird nicht nur behaupten den blauen Himmel und das blaue Meer (dass Himmel und Meer nicht mehr blosse Wahrnehmungen sind, kommt hier nicht in Frage) wahrzunehmen, sondern auch die *Ähnlichkeit* der Färbung zu *sehen*. Er meint nicht nur jetzt den Ton a und dann den Ton c, sondern auch ihre zeitliche und akustische *Differenz* zu *hören*, die *Notwendigkeit* zu *sehen*, mit der die aufprallende Billardkugel die getroffene in Bewegung setzt.

Was hat nun Locke veranlasst, als er in den zusammengesetzten Ideen von den sinnlichen Qualitäten das spezifisch davon verschiedene Moment des Verknüpftseins unterschied, dieses, im Gegensatz zur naiven Auffassung, auf eine intellektuelle Thätigkeit der Seele zurückzuführen? Wie kam Hume zur Aufstellung des Satzes, die Inhärenz- und Causalbeziehung sei nicht in den Impressionen gegeben? Der Grund dürfte in einer physiologischen Erwägung liegen: dass unsere Sinne nur Qualitäten liefern können. Nach der Theorie des Bacon'schen Empirismus, dass unsere Vorstellungen von Gegenständen Abbilder derselben sind, erscheint es infolge der naheliegenden Analogie des physiologischen Sehvorganges sehr klar, wie die Qualitäten vermittelst unserer Sinne Ein-

---

[1]) Ueber die Verwendung des Begriffs „Wahrnehmung" in dieser Bedeutung vergl. Rehmke: Die Welt als Wahrnehmung und Begriff S. 11. fd.

drücke in uns hervorrufen. Sollten uns die Beziehungen der Wahrnehmungen in derselben Weise gegeben sein wie diese selber, so müssten sich für sie gleichfalls Schwingungen der Aether- oder Luftwellen anführen lassen. Es ist von diesen physiologischen Voraussetzungen aus ganz folgerichtig, die Beziehungen, wenn sie nicht im Wahrgenommenen liegen, im Wahrnehmenden zu suchen. Die Sonderung zwischen Qualität und Beziehung ist allerdings noch nicht streng durchgeführt. So wird bei Locke „die Seele auch in diesen beziehenden Thätigkeiten, wie der Erinnerung, der Unterscheidung, der Vergleichung, der Verbindung etc. durchweg als passiv und an den Inhalt der Sensation gebunden betrachtet“,[1]) und Hume[2]) hat, obgleich er anfangs die Impressionen als Empfindungen der Sinne bezeichnete und als gegebenes Material Farbe, Schall, Geschmack u. s. w. nannte, doch die Beziehungen der Aehnlichkeit, des Kontrastes, der zeitlichen und räumlichen Contiguität den Impressionen belassen[3]) und nur die Causalitäts- und Inhärenzbeziehung als Ideen, welche im sinnlich Wahrgenommenen nicht ihr Original hätten, aufgefasst. Beide haben also noch nicht die volle Consequenz ihrer Voraussetzungen gezogen. Dies versuchte erst Kant.

Nachdem er durch Hume beeinflusst es für selbstverständlich ansah, dass keiner behaupten würde, „die Causalität könne auch durch Sinne angeschaut werden und sei in der Erscheinung enthalten“ (Kr. 177),[4]) versuchte er

---

[1]) W. Windelband, Geschichte der Philosophie S. 355. fd

[2]) Hume, über die menschliche Natur (übers. v. H. Jacob, Halle 1790) I, 1, 1 und I, 1, 6.

[3]) „Ueber die menschliche Natur“ I, 3, 1.

[4]) Die Citate beziehen sich, sofern nicht Weiteres angegeben ist, B. Erdmanns Rate gemäss (in seinem Vorwort der Ausgabe der Prolegomena S. VI) auf die Originalpaginierung, bei der Kr. d. r. V. auf die der zweiten Auflage. Wo die arabischen Ziffern mit römischen verbunden sind, z. B. (Kr. II. 112), betreffen sie die Originalpaginierung der ersten Auflage, welche in der Erdmann'schen Ausgabe dem Text der zweiten als erste, zweite und dritte Beilage angehängt sind.

es, sich Humes Einwurf allgemein vorzustellen und fand bald, wie er sagt, „dass der Begriff der Verknüpfung von Ursache und Wirkung bei weitem nicht der einzige sei, durch den der Verstand a priori sich Verknüpfungen der Dinge denkt, vielmehr, dass Metaphysik ganz daraus bestehe" (Prolegomena 14).[1]) Schon in seiner Inauguraldissertation vom Jahre 1770 nennt er ausser dem Begriff der Ursache possibilitas, existentia, necessitas cum suis oppositis aut correlatis und fügt hinzu: quaecum nunquam ceu partes repraesentationem illam sensualem ingrediantur inde abstrahi nullo modo potuerunt."

Woher stammen diese Begriffe nun? Da Kant mit Locke das Angeborensein von der Hand weist (Diss: De mundi sensibilis atque intelligibilis . . § 15. Kr. d. pr. V. S. 254, „Ueber eine Entdeckung" . . Hartenst., 1. Ausg., Bd. 3 S. 359), so sieht er sich zu einer komplizierten psychologischen Hypothese veranlasst, welche schon von Locke und Lambert vorbereitet worden war.

Kant unterscheidet „zwei Grundquellen unseres Gemütes" (Kr. 74), Sinnlichkeit und Verstand. Sinnlichkeit ist die receptive Fähigkeit, Vorstellungen dadurch zu bekommen, dass wir auf irgend eine Weise affiziert werden (Kr. 33. 75. 93. 104. 178). Durch sie empfangen wir Eindrücke (Kr. 74. 93.), oder, wie sich Kant auch ausdrückt: „Vermittelst der Sinnlichkeit werden uns Gegenstände *gegeben*", (Kr. 29. 33. 74); und zwar werden sie uns gegeben als Anschauungen, (Kr. 33. 126. II., 399), nämlich als empirische Anschauungen (Kr. 147. 293) d. h. als in Raum und Zeit gekleidete Sinnesqualität, oder wie Kant sagt als das, „was in Raum und Zeit unmittelbar als wirklich durch Empfindung festgestellt wird". Es ist das, was an anderen Stellen unbestimmte empirische Anschauung (Kr. 422 Anmerk.) oder Wahrnehmung (Kr. 422 Anmerk. Prol. 78. 81) oder Erscheinung[2]) (Kr. II 108) heisst, identisch

[1]) Originalpaginierung.

[2]) Rehmke: W. a. W. u. B. S. 29. fd. weist nach, dass empirische Anschauung und Erscheinung bei Kant identisch sind.

mit Schuppes „Gegebenem“[1]) und Rehmkes „Wahrnehmung“ oder „primitiv Bewusstseiendem“.

Die andere „Grundquelle unseres Gemüts“ ist der Verstand.

Er ist spontanes Vermögen, durch welches das „Mannigfaltige der Vorstellungen“ d. h. das Mannigfaltige der Bewusstseinsdaten „auf gewisse Weise durchgegangen, aufgenommen und verbunden wird“ (Kr. 102), also ein synthetisches Vermögen (Kr. 118. 135. 145). So heisst es Kr. S. 129: „Die Verbindung (coniunctio) eines Mannigfaltigen überhaupt kann niemals durch Sinne in uns kommen, und kann also auch nicht in der reinen Form der sinnlichen Anschauung zugleich mit enthalten sein; denn sie ist ein Aktus der Spontaneität der Vorstellungskraft, und da man diese zum Unterschiede von der Sinnlichkeit Verstand nennen muss, so ist alle Verbindung. wir mögen uns ihrer bewusst werden oder nicht, es mag eine Verbindung des Mannigfaltigen der Anschauung oder mancherlei Begriffe, und an der ersteren der sinnlichen oder nicht sinnlichen Anschauung sein, eine Verstandeshandlung. die wir mit der allgemeinen Benennung *Synthesis* belegen werden, um dadurch zugleich bemerklich zu machen, dass wir nichts als im Objekt verbunden vorstellen können, ohne es vorher selbst verbunden zu haben, und dass unter allen Vorstellungen die *Verbindung* die einzige ist, die nicht durch Objekte gegeben, sondern nur vom Subjekte selbst verrichtet werden kann, weil sie ein Aktus seiner Selbstthätigkeit ist.“ In dieser Thätigkeit unseres Verstandes besteht mithin, da der Verstand als das Vermögen zu denken definiert wird (Kr. 29. 94. 145), das Denken. Jene Beziehungsbegriffe nun, welche nicht aus den sinnlichen Eindrücken stammen sollen, sind nichts weiter als „die reine Synthesis allgemein vorgestellt“ (Kr. 104), oder wie es in der angeführten Dissertation § 8 heisst: conceptus e legibus menti

[1]) Schuppe: Erkenntnistheoretische Logik S. 142. fd.

insitis (attendendo ad eius actiones occasione experientiae) abstracti adeoque acquisiti."[1])

Nachdem also in der Verknüpfung das Element gefunden war, welches uns nicht durch die Sinne zugeführt wird (Kr. 129. 233. 134. 176. Kr. 1 Aufl. 120), und somit das einheitliche Prinzip (Prol. 14) für die „reinen Begriffe" gefunden war, ging Kant daran, sich auch ihrer Zahl „zu versichern".

Es war für Kant selbstverständliche Voraussetzung, „dass die Handlung (die Synthesis des Verstandes) ursprünglich einig und für alle Verbindung gleich geltend sein müsse" (Kr. 130), die Verstandesthätigkeit also, wie wir die Stelle kommentieren[2]), gleichgültig ob die verarbeitete Materie aus „Anschauungen" oder „Begriffen" gebildet werde, überall die nämliche sei. Wären also auf einem Gebiete die Verbindungsweisen des Verstandes vollzählig festgestellt, so hätten wir die sämtlichen Arten des Denkens überhaupt, also auch sämtliche Beziehungen.

Verbindung von Vorstellungen liegt nun im Urteil vor Augen (Kr. 142. Prol. 88); „denn alle Urteile sind Funktionen der Einheit unter unseren Vorstellungen" (Kr. 94), sodass also Denken und Urteilen identisch sind (Kr. 94. 106. Prol. 88) und sich nur insofern unterscheiden, als im Urteil die Materie des Denkactes, d. h. die verbundenen Daten Begriffe, im rudimentaeren Denkacte dagegen Anschauungen sind (Kr. 322. 102).

„Die Funktionen des Verstandes können also insgesamt gefunden werden, wenn man die Funktionen der Einheit unter den Urteilen vollständig darstellen kann." Und da Kant die Urteilsarten der formalen Logik aufnimmt, so erhält er zwölf Arten des Denkens, mithin ebensoviel „reine Verstandesbegriffe" oder „Kategorien" oder, wie wir auch sagen können, Verknüpfungen oder Beziehungen.

Wird nun aber das sinnlich Gegebene und der Verstand in der Weise von einander getrennt, dass das erstere auch

---

[1]) Aehnlich in „Ueber eine Entdeckung" a. a. O.

[2]) Auf Grund von Kr. 104. „Dieselbe Funktion . . . ."

ohne kategoriale Verknüpfung dem Bewusstsein gegenwärtig sein kann, und der Verstand dies ordnungslose Material des Gegebenen wie ein Mosaikarbeiter aneinander fügt[1]), so ist die Voraussetzung dafür, dass jene Materialien miteinander verbunden werden können, die, dass die individuellen Teile wirklich zu einander passen. Zwei verschiedene Dinge können durch die äusserliche That des Zusammenbindens eine Einheit nur werden, wenn sie sich zusammenfügen lassen, d. h. in unserem Falle, wenn die Vorstellungen etwas Gleichartiges, Identisches haben. So fragt sich denn Kant, was das die Verknüpfung der Vorstellungen Vermittelnde sei.

Der Fortgang seiner Gedanken ist folgender.

Alle Vorstellungen, so verschieden sie auch inhaltlich von einander sein mögen, haben doch etwas Gemeinsames, die Beziehung auf ein „Ich denke" (Kr. 132). Dieses „Ich denke" ist natürlich nicht zur Sinnenwelt gehörig (ibid.), und wie das Auge, welches alles sieht, nur sich selbst nicht, so ist dieses „Ich denke" als letzter Coincidenzpunkt aller Vorstellungen selbst nicht erkennbar (Kr. III, 402), oder wie Kant an einer anderen Stelle sagt: „Es kann von keiner Vorstellung weiter begleitet werden" (Kr. 132). Er nennt es die reine oder ursprüngliche Apperception.[2])

---

[1]) So sagt A. v. Leclair (das kategoriale Gepräge des Denkens Vierteljahrsschrift f. w. Phil. Bd. VII), dass die Kantsche Kategorie als im Gemüt bereitliegende Denkform von seiten des Verstandes an den in der sinnlichen Erfahrung gegebenen „Rohstoff herangebracht und ihm gewissermassen als ein ihm ursprünglich Fremdes aufgezwungen wird".

[2]) Schuppes „reines Ich" oder „Bewusstsein überhaupt", Rehmkes „Erkenntnis-Ich" oder „logisches Subjekt". Den Unterschied zwischen der reinen Apperception und der empirischen findet Verfasser am klarsten dargelegt in einer Anmerkung der Anthropologie (§ 4): „Hier scheint uns nun das Ich doppelt zu sein (welches widersprechend wäre). 1. Das Ich als Subjekt des Denkens (in der Logik), welches die reine Apperception bedeutet (das bloss reflektierende Ich), und von welchem gar nichts weiter zu sagen, sondern das eine ganz einfache Vorsellung ist; 2. das Ich, als das Objekt der Wahrnehmung, mithin des inneren Sinnes, was eine Mannigfaltigkeit von Bestimmungen enthält, die eine innere Erfahrung möglich machen" s. auch Kr. 404 u. 1. Aufl. 355. 382.

Wenn ein „Ich denke“ auch alle Vorstellungen begleitet und ihnen so einen Krystallisationspunkt zu gewähren scheint, so wird nun wieder die Einheit der vielen „Ich denke“, die Identität der Apperception, selbst zum Problem; denn „das Bewusstsein der einen Vorstellung ist, sofern vom Mannigfaltigen die Rede ist, vom Bewusstsein der anderen doch immer zu unterscheiden“ (Kr. 131 Anmerk.), und „das empirische Bewusstsein ist an sich zerstreut und ohne Beziehung auf die Identität des Subjekts“ (Kr. 133). Weit entfernt, dass die blosse Beziehung je eines „Ich denke“ auf jede Vorstellung unter diesen Einheit bewirken könnte, „würde ich ein so vielfarbiges verschiedenes Selbst haben, als ich Vorstellungen habe, deren ich mir bewusst bin“ (Kr. 134), oder, wie es konsequenter heissen müsste, es gäbe dann so viel verschiedene Ich, als Vorstellungen existierten.

Es ist also notwendig, „dass alles empirische Bewusstsein in einem einigen Selbstbewusstsein verbunden sein müsse“ (Kr. II 117 Anmerk.), d. h. es muss für diese verschiedenen Ich weiterhin ein Einheitspunkt gesucht werden, dadurch ich, wie Mellin sich ausdrückt[1]), alle diese Ich gleichsam an ein Ich hefte. Wir haben oben gesehen, dass Kant voraussetzt, dass die synthetische Verstandesthätigkeit „ursprünglich einig“ also überall gleichförmig ist. Diese Identität der Synthesis soll nun diesen gesuchten Einheitspunkt gewähren, dergestalt, „dass die Einheit dieser Handlung zugleich die Einheit des Bewusstseins ist“ (Kr. 138). Aehnlich heisst es auf Seite 135 der „Kritik der reinen Vernunft“ von der Synthesis, dass ohne sie „jene durchgängige Identität des Selbstbewusstseins nicht gedacht werden kann,“ und (Kr. II 108): „Diese Einheit des Bewusstseins wäre unmöglich, wenn nicht das Gemüt in der Erkenntnis des Mannigfaltigen sich der Identität der Funktion bewusst werden könnte, wodurch sie dasselbe synthetisch in einer Erkenntnis verbindet.“

---

[1]) Mellin: Encyklopädisches Wörterbuch der kritischen Philosophie Bd. I, 324.

Nur dadurch also, dass die stetige Beziehung jeder Vorstellung auf ein „Ich denke" als ein und dieselbe Funktion bewusst wird, wird aus den vielen „Ich denke" dasselbe eine „Ich denke"; und nur dadurch wiederum sind die vielen Vorstellungen nun die Vorstellungen des einen „Ich denke", und indem sie also diesem einen „Ich denke" zugehören, ist das Hinzuthun der einen Vorstellung zur anderen dieselbe identische Funktion.

Die so zustandegebrachte Identität des Selbstbewusstseins nennt Kant die synthetische Einheit der Apperception. Sie ist „der höchste Punkt, an den man allen Verstandesgebrauch, selbst die ganze Logik und nach ihr die Transcendentalphilosophie heften muss, ja dieses Vermögen ist der *Verstand* selbst." So wird denn Denken definiert als die Handlung, das Mannigfaltige der Vorstellungen unter die synthetische Einheit der Apperception zu bringen (Kr. 143. 145), wobei „synthetische Einheit der Apperception" eben die Bedingungen angiebt, unter denen „das Mannigfaltige der Anschauung oder der Begriffe" zur Einheit verbunden wird.

Diese Einheit des Mannigfaltigen ist also in letzter Instanz ebenso wie die Identität des Selbstbewusstseins dadurch hergestellt, dass wir die Gleichförmigkeit, das Einheitliche der Handlung, durch welche jede Vorstellung auf ein „Ich denke" bezogen wird, auf das Mannigfaltige selbst übertragen. Diese Einheit des Mannigfaltigen findet nun ihren Ausdruck in der Beziehung unserer Vorstellungen auf einen Gegenstand, ein Objekt. Kant erklärt, dass man „zwar alles und sogar jede Vorstellung, sofern man sich ihrer bewusst ist, Objekt nennen kann" (Kr. 235). Hier aber will er unter Objekt etwas Besonderes verstanden wissen (Kr. 242), nämlich das unbestimmte Etwas, auf welches wir unsere Vorstellungen als seine Eigenschaften beziehen, welches wir diesen als ihren Träger substituieren, (Kr. II, 109. 105. 1. Aufl. 250. fd.), aber doch so, dass „dieses transcendentale Objekt . . . sich gar nicht von den sinnlichen datis absondern (lässt), weil alsdann nichts übrig bleibt, wodurch es gedacht würde".

Der Gegenstand und die Einheit des Bewusstseins bedingen sich gegenseitig. Die Einheit des Bewusstseins ist die Voraussetzung dafür, dass etwas für mich Objekt wird (Kr. 137. II, 129), und der Gegenstand ist die Bedingung für die Einheit des Bewusstseins (Kr. II. 105); er ist „ein Correlatum der Einheit der Apperception" (Kr. 1. Aufl. 250), nach einem glücklichen Ausdrucke Staudingers[1]) „die Selbsterhaltungsthat dieses Bewusstseins gegenüber der Flut der Vorstellungen, durch die es sonst auseinander fiele". Ein Ich giebt es nur in der Welt der Dinge, und Dinge existieren nur, wo es Subjekte giebt.[2]) Darauf basiert auch die selbst von Schopenhauer missverstandene „Widerlegung des Idealismus". So können wir endlich auch die Definition verstehen: „Das Denken ist die Handlung, gegebene Anschauung auf einen Gegenstand zu beziehen" (Kr. 304). Mit dieser Definition aber hat Kant mindestens zehn seiner Kategorien überflüssig gemacht[3]) und die Kategorie der Substanz ganz in den Vordergrund gedrängt. Denn wie das transcendentale Objekt ist die Substanz „dieses Beharrliche . . . die Bedingung der Möglichkeit aller synthetischen Einheit der Wahrnehmungen d. i. der Erfahrung" (Kr. 226); und der Grundsatz der Beharrlichkeit lautet in der ersten Auflage: „Alle Erscheinungen enthalten das Beharrliche (Substanz) als den Gegenstand selbst, und das Wandelbare als dessen blosse Bestimmung, d. i. eine Art wie der Gegenstand existiert". Ist also Denken

---

[1]) Philos. Monatshefte Bd. XIX S. 326.

[2]) Schuppes Kritik der zweiten Auflage von Wundts Logik in den Gött. gel. Anz. 1894 No. 3: „ohne diese Welt von Dingen, welche von den Individuen als solchen unabhängig sind, könnte es überhaupt kein Bewusstsein geben".

[3]) A. v. Leclair, Krit. Beiträge zur Kategorienlehre Kants (Prag 1877) S. 57: „Er (Leclair) verfiel immer nur auf die 1. und 2. Kategorie des 3. Titels." Er gelangte „stets nur zu den Begriffen der Substantialität und Causalität" s. auch S. 82 fd. Schopenhauer: Kritik der Kantischen Philosophie.

die Beziehung unserer Vorstellungen auf ein Objekt, so besteht es einzig in der kategorialen Funktion, welche Kant als Inhärenz und Subsistenz bezeichnet.

So sehen wir, dass bei Kant der Begriff des Denkens im innigsten Connex steht mit dem des Dinges. Wenn dieses aber im Vorhergehenden auf die Kategorie der Subsistenz zurückgeführt worden ist, so findet sich noch ein zweiter Gedankengang Kants, welcher die Dinganalyse, welche Schuppe in seiner „Erkenntnistheoretischen Logik"[1]) gegeben hat, bereits streift. Kant sagt Kr. p. 242: „Wenn wir untersuchen, was denn die *Beziehung auf einen Gegenstand* unseren Vorstellungen für eine neue Beschaffenheit gebe, und welches die Dignität sei, die sie dadurch erhalten, so finden wir, dass sie nichts weiter thue, als die Verbindung der Vorstellungen auf eine gewisse Art *notwendig* zu machen und sie einer Regel zu unterwerfen, dass umgekehrt nur dadurch, dass eine gewisse Ordnung in dem Zeitverhältnis unserer Vorstellungen notwendig ist, ihnen objektive Bedeutung erteilt wird." Das Objekt drückt die *notwendige* Einheit unserer Vorstellungen aus (Kr. 142). Und demgemäss wird auch Denken und Urteilen definiert als die notwendige Verknüpfung unserer Vorstellungen (Kr. 142 Prol. 79. 88), ja die Bezeichnung Denken und Urteilen ausdrücklich für die notwendige Synthesis reserviert; und zwar hat, wie wir gesehen haben, diese notwendige Verknüpfung der Vorstellungen untereinander ihren Grund in der gemeinsamen notwendigen Beziehung auf die Einheit des Selbstbewusstseins.

Die notwendige Beziehung unserer Vorstellungen auf einander ist nun aber keine andere, als die von Schuppe als „causale" bezeichnete. Also ist Denken das causale Verknüpfen unserer Vorstellungen. Darauf weist auch hin die Definition des Verstandes als eines Vermögens der

---

[1]) S. die präzise Formulierung in dem erwähnten Artikel Schuppes in den Gött. gel. Anzeigen S. 152 fd.: „dass der Einheitsbegriff" . . . bis ‚angenommen wird".

Regeln (Kr. II, 126 fd.). In unmittelbarer Consequenz dieses Resultats läge die Definition des Dinges als eines Complexes von Causalbeziehungen, eine Consequenz, welche Kant allerdings nicht gezogen hat.

Recapitulieren wir kurz das Gefundene, so ist Denken:

1. ganz allgemein: die Verbindung des Mannigfaltigen zur Einheit.
2. die Beziehung unserer Vorstellungen auf den Gegenstand.
3. die causale Verbindung unserer Vorstellungen.

Es folgt nun noch eine Definition:

4. Denken ist die Erkenntnis durch Begriffe.

Was versteht Kant unter Begriff? Es gehen hier zwei Auffassungsweisen durcheinander, wie ja überhaupt die formale Logik bei Kant nicht überall durch die transcendentale überwunden ist.[1])

Soweit er noch in den Banden der ersteren ist, ist ihm der Begriff noch eine Allgemeinvorstellung (repraesentatio per notas communes) im Gegensatz zur Anschauung als einer einzelnen Vorstellung. (Logik § 1. Kr. 47. 377. 93.) Diese Auffassung liegt, worauf v. Schubert-Soldern hinweist, Kants Lehre vom „Bild und Schema" zu Grunde.[2]) Ziehen wir aber Stellen in Erwägung wie die auf S. 114 der Kritik: „In jeder Erkenntnis eines Objekts ist nämlich Einheit des Begriffs, welche man qualitative Einheit nennen kann, sofern darunter nur die Einheit der Zusammenfassung des Mannigfaltigen gedacht wird, wie etwa die Einheit des Thema in einem Schauspiel, einer Rede, einer Fabel" und Kr. II. 106, wo der Begriff „eine Regel der Anschauungen" genannt wird, dadurch, „dass er bei gegebenen Erscheinungen die notwendige Reproduktion des Mannigfaltigen derselben, mithin die synthetische Einheit in ihrem Bewust-

---

[1]) M. Steckelmacher: Die formale Logik Kants in ihren Beziehungen zu transcendentalen. Schuppe: Das Verhältnis zwischen Kants formaler und transcendentaler Logik. Philos. Monatsh. IX p. 513.

[2]) R. v. Schubert-Soldern, Grundlagen einer Erkenntnistheorie S. 92.

sein vorstellt", und wo es zum Schluss heisst: „Dieser (der Gegenstand) ist nichts mehr als das Etwas, davon der Begriff eine solche Notwendigkeit der Synthesis ausdrückt": so sehen wir, dass im Begriff eben jener Denkprozess, der oben ein Verbinden, Verknüpfen, Zur - synthetischen - Einheit - der - Apperception - bringen u. s. w. genannt wurde, als Resultat vorliegt. Man wäre demnach geneigt Begriffe und Gegenstand für identisch zu halten[1]), wenn nicht, wie dargethan, im „Gegenstand" der substantielle Charakter zu sehr in den Vordergrund gestellt wäre.

Der Begriff, „dadurch ein Gegenstand gedacht wird" (Kr. 125 u. öfter) als „die Einheit der Zusammenfassung des Mannigfaltigen", als „die Regel der Anschauungen" ist mithin nicht irgend ein empirischer Begriff, sondern dasjenige, worin alle empirischen Begriffe als Begriffe mit einander übereinstimmen. Er vereinigt in sich die Kategorien; denn er ist die Einheit und die Kategorien sind die Einheitsarten. Diese werden allerdings oft auch einfach Begriffe genannt, so wenn es heisst, dass alle unsere empirische Erkenntnis d. h. Erkenntnis von Dingen (Kr. 147) oder Erkenntnis der Natur (Kr. 712. 163), auch Erfahrung genannt, (Kr. 218. 234. 277) aus zwei Elementen bestehe, aus Anschauung und Begriff (Kr. 74. 125. 146. 314). Hier ist eben unter Begriff das specielle Verknüpftsein, die Verbindung, also der reine Verstandesbegriff zu verstehen. Dies wird noch besonders deutlich aus den Sätzen: „Allein diese Synthesis auf Begriffe zu bringen, dies ist eine Funktion, die dem Verstande zukommt, und wodurch er uns allererst die Erkenntnis in eigentlicher Bedeutung verschafft" (Kr. 103), und Kr. 104: „Die Begriffe, welche dieser Synthesis Einheit geben und lediglich in der Vorstellung dieser notwendigen synthetischen Einheit bestehen, thun das dritte zur Erkenntnis eines vorkommenden Gegenstandes und beruhen auf dem Verstande."

---

[1]) B. Erdmann verwendet in seiner Logik den „Begriff" gar nicht, sondern operiert nur mit „Gegenständen".

So finden wir also auch in dieser Definition des Denkens die Auffassung wieder, dass es die Thätigkeit des Subjekts sei, welches das Mannigfaltige der Anschauungen, welches wir durch Sinneseindrücke empfangen, zu einer Einheit notwendig und objektiv verbindet. Durch diese letzte Einschränkung unterscheidet es sich von dem bloss subjektiven Denken, welches ein Vereinigen des Mannigfaltigen nach den Gesetzen der Assotiation (Kr. 140. Prol. 88) ist, und „ein Spiel mit Vorstellungen" (Kr. 239. 247. 194. 299 I, 112) heisst, insofern es sich darin nur um „Zustände unseres Gemüts" handele.

Wenden wir uns nun diesem Begriffe des subjektiven Denkens zu! Schon in der ersten Ausgabe der Kritik der reinen Vernunft spricht Kant in der Deduktion der reinen Verstandesbegriffe, allerdings meist im Irrealis, von Wahrnehmungen, welche „im Gemüt an sich zerstreut und einzeln angetroffen werden" (Kr. 122), von Vorstellungen, von denen jede einzelne „der anderen ganz fremd und gleichsam isoliert und von dieser getrennt wäre" (Kr. 97), bezw. von solchen, welche, soweit sie zusammengeraten, einander ohne Unterschied reproduzierten, Wahrnehmungen oder Vorstellungen, die infolgedessen nur ein regelloser Haufe (Kr. 121) oder ein Gewühl von Erscheinungen wären (Kr. 111).

In der zweiten Auflage ist dann die Rede von einer empirischen Einheit des Bewusstseins durch Association der Vorstellungen, welche nur subjektive Giltigkeit habe (Kr. 141) und S. 142 von Vorstellungen, welche nur in der Wahrnehmung beisammen sind, und darum S. 195 eine Rhapsodie von Wahrnehmungen genannt werden. Diese subjektive Verknüpfung von Wahrnehmungen wird nun in den Prolegomena als subjektives Denken bezeichnet. Es heisst da S. 88: „Denken aber ist: Vorstellungen in einem Bewusstsein vereinigen. Diese Vereinigung entsteht entweder bloss relativ aufs Subjekt, und ist zufällig und subjektiv, oder sie findet schlechthin statt, und ist notwendig oder objektiv"; und S. 81 heisst es: „Dieses Urteilen kann nun zwiefach sein, erstlich, indem ich bloss die Wahrnehmungen vergleiche und in einem Bewusstsein meines Zustandes, oder zweitens, da ich sie in einem Bewusstsein überhaupt verbinde. Das erstere Urteil ist bloss ein Wahrnehmungsurteil, und hat sofern nur subjektive Giltigkeit, es ist bloss Verknüpfung der Wahrnehmungen in meinem Gemütszustande ohne Beziehung auf den Gegenstand".

Der Unterschied zwischen subjektivem und objektivem Denken besteht also darin, dass dieses allgemeingiltige und notwendige, mithin wahre, jenes singuläre Urteile liefert.

Welcher Art ist nun die Verknüpfung im Wahrnehmungsurteil? Kategorial nicht; denn die Wahrnehmungsurteile ‚bedürfen keines reinen Verstandesbegriffs (Prol. 78). Schon oben hiess es, dass ich im subjektiven Wahrnehmungsurteil „bloss die Wahrnehmungen vergleiche". S. 87 heisst es dann, dass dasselbe die Wahrnehmungen so verknüpfe, wie „sie in der sinnlichen Anschauung gegeben sind". Prol. S. 78. 87 und 88 wird diese Verknüpfung eine logische genannt. Sie ist zurückzuführen auf den usus logicus der Vernunft, der in der Dissertation von 1770 dem usus realis folgendermassen gegenüber gestellt wird: „usum intellectus seu superioris animae facultatis esse duplicem, quarum priori dantur conceptus ipsi vel rerum vel respectuum, qui est usus realis, posteriori autem undecunque dati sibi tantum subordinantur, inferiores nempe superioribus (notis communibus) et conferuntur inter se secundum principium contradictionis. Est autem usus intellectus logicus omnibus scientiis communis.

Die logische Verknüpfung ist also keine andere als die Verknüpfung welche Kant im Urteil sieht, also eine „analytische", wie er das „logisch" S. 315 der Kr. d. r. V. ausdrücklich paraphrasiert. Während das synthetische Vermögen der Seele, welches in der kategorialen Funktion zu Tage tritt, das Anschauungsmaterial sozusagen vergewaltigt und als äusserliche Macht zur Einheit zusammenschweisst, werden durch den usus logicus die Wahrnehmungen so verknüpft, „wie sie in der sinnlichen Anschauung gegeben sind".

Der Verstand bildet hier also einfach die Verknüpfungen

nach, wie sie ihm durch die Anschauung bereits übermittelt werden. Während Kant Krit. 134 so ausdrücklich hervorhebt: „Verbindung liegt aber nicht in den Gegenständen, und kann von ihnen nicht etwa durch Wahrnehmung entlehnt und in den Verstand dadurch allererst aufgenommen werden" (ähnl. Krit. 129. 176. 233), legt er hier doch die Verknüpfung durch Aehnlichkeit und das principium contradictionis ins Objekt hinein. Auch er hat also den Dualismus nicht konsequent durchgeführt.[1])

Lotze, in der allgemeinen Frage weniger genau als Kant, welcher die Verbindung eines Mannigfaltigen überhaupt auf einen „Aktus der Spontaneität der Vorstellungskraft" zurückführte, spricht wieder von Vorstellungen, die ursprünglich zusammengeraten und zusammengehören, in gewissen Beziehungen und Verbindungen in unserem Bewusstsein auf Anregung der Sinne entstehen.[2]) Von den „Vergleichungsbeziehungen" dagegen, z. B. den Beziehungen „der Gleichheit, Aehnlichkeit, der abgestuften Verwandschaft, des Gegensatzes, des Mehr oder Minder u. s. w.", sagt er, dass sie „bloss in unserem vergleichenden Denken . . . angestiftet werden".[3]) Ja, er verlegt sogar das Prinzip der Identität und des Widerspruches ganz ins Subjekt. Er sagt (Metaphysik S. 13): „Ich will nicht weitläuftig darüber sein, dass jede naturwissenschaftliche Untersuchung die logischen Sätze der Identität und des ausgeschlossenen Dritten zur Gewinnung ihrer Ergebnisse benutzt; beide rechnet man unbefangen zu den selbstverständlichen Methoden jeder Forschung. Aber man vergisst dabei doch, dass sie für den Zusammenhang

---

[1]) v. Schubert-Soldern weist auf die Inkonsequenz der „Anhänger jener Scheidung von Ding und Beziehung" hin. welche weder die Aufeinanderfolge noch die Gleichzeitigkeit in die Kategorien aufgenommen haben. Interessant ist hier Kants Stellung. welcher Kr. 233 die zeitliche Verknüpfung „das Produkt eines synthetischen Vermögens der Einbildungskraft" nennt, ohne sie jedoch in die Kategorien aufzunehmen.

[2]) Lotze, Logik, S. 4 ff. und S. 14 ff.

[3]) Lotze, Grundzüge der Metaphysik, S. 22.

der Erscheinungen nicht gültig sein könnten, ohne auch von dem völlig unbekannten Grunde zu gelten, aus welchem die Erscheinungen hervorgehen, und doch geben manche Thatsachen Anlass genug zu der Vermutung, dass von den Dingen selbst und ihren Zuständen *beide Grundsätze in einer anderen Bedeutung* gelten, als in Bezug auf die Urteile, welche wir denkend über diese Zustände fällen." Lotze meint also, dass die Geltung der Grundsätze der Identität und des Widerspruches sich nicht auf die Dinge an sich erstrecke, sondern dass in ihrer Welt andere, jenen etwa „proportionale", Grundsätze wirkten.[1]) Aber wer vermag zu verstehen, dass jene Grundsätze irgendwo nicht gelten sollten! Die Annahme von Dingen an sich und ihren „Zuständen", von denen irgend welche anderen Grundsätze gelten, setzt jene bereits voraus. Von ihnen absehen und doch noch etwas denken oder vorstellen zu wollen, gleicht dem Experimente, durch Hinzufügung der attributiven Bestimmung „ausserhalb des Bewusstseins" aus dem Banne des Bewusstseins herauskommen zu wollen.[2])

Dass alles Sein ohne Ausnahme unter den erwähnten Grundsätzen steht, ist eine Thatsache von unmittelbarer Evidenz. Sie lässt sich nicht ableitend beweisen, sondern es lässt sich nur auf sie hinweisen. Wer sie ableugnet, mit dem ist jede Verständigung ausgeschlossen.

So sehen wir, dass der folgerichtig durchgeführte erkenntnistheoretische Dualismus zu Konsequenzen führt die den augenscheinlichsten Thatsachen widersprechen.

Kant hat diesen Schiffbruch zu vermeiden gesucht, indem er die logischen Verhältnisse zugleich mit den An-

---

[1]) Ebenso Wundt (Logik. I. Aufl. S. 82): „Diese Voraussetzung (dass die Objecte des Denkens diesem selber konform sind) gestattet aber keineswegs die Folgerung, dass den Objekten das logische Denken immanent sei." Wundt geht sogar noch weiter als Lotze, wenn er auch leugnet, dass ein ursprünglich gegebener Parallelismus zwischen Denken und Sein existiere.

[2]) Fichte, Bestimmung des Menschen, I. Aufl. S. 153.

schauungen gegeben und dann noch, seinen dualistischen Voraussetzungen gerecht werdend, durch den Verstand nachgebildet werden liess. Aber offenbar ist, sobald uns die logischen Verhältnisse mit dem Objekte gegeben sind, ihre Nachbildung durch die spontane Thätigkeit des Verstandes absolut überflüssig und sogar unverständlich. Denn was soll das heissen, etwas im Bewusstsein nachbilden, was als Gegebenes im Bewusstsein bereits vorhanden ist!

Ueberdies ist, wenn wir die logischen Verhältnisse als gegeben ansehen, kein Grund vorhanden, die sogenannten Kategorien ins Subjekt zu verlegen.

Sehen wir aber alle Beziehungen als mit dem Objekte zugleich gegeben an, so stehen wir, unter Voraussetzung des erkenntnistheoretischen Dualismus, auf dem Boden des Sensualismus. Während also der konsequente Empirismus Lotze's zu Denkunmöglichkeiten führt, führt der inkonsequente Empirismus Kant's zur Aufhebung der gemachten Voraussetzungen und damit zum Sensualismus.

Thatsächlich lassen sich also jene Grundsätze vom Sein realiter gar nicht trennen; dem Sein κατ' ἐξοχήν kommen sie zu, und man muss sich wundern, dass man gerade sie als logische bezeichnet und so speciell dem denkenden Verstande des Subjekts zuerteilt hat, wie es bis in die letzte Zeit hinein geschehen ist,[1]) während man so viele andere Beziehungen dem Objekte beliess. Man müsste sie konsequenterweise nicht sowohl logische oder Vorstellungsgesetze nennen als vielmehr Seinsgesetze. Wollen wir trotzdem daran festhalten, sie als Denkgesetze zu bezeichnen, ihren Ursprung aus dem Bewusstsein also anerkennen, so können wir dies nur, wenn wir Seiendes und Bewusstseiendes identisch setzen

[1]) Th. Lipps, Grundzüge der Logik. Kap. XXXI. B. Erdmann, Logik, Bd. 1 S. 166 nennt den Grundsatz der Identität den Grundsatz des Vorstellens (d. h. der gegenständlichen Bewusstseinsbestimmtheit). Nicht dem Bewusstsein überhupt (zuständlichem und ursächlichem), sondern nur dem gegenständlichen Bewusstsein rechnet er „das Merkmal der Identität“ zu. Ibid. S. 169 ff.

wenn wir zugeben, dass alles Sein ein gedachtes Sein und alles Denken das Denken eines Seins ist.

Diese Folgerung hat Schuppe gezogen und damit das Fundament einer monistischen Erkenntnistheorie geschaffen.

Wenn Kant auch dem extramentalen Ding an sich da, wo er sich am vorsichtigsten ausdrückt, nur die Bedeutung eines Grenzbegriffes der reinen Vernunft zugesteht, so war durch dasselbe doch immerhin das Sein in zwei Teile gespalten: auf der einen Seite das an sich Seiende, auf der anderen die phänomenalistische Welt, wie sie im Bewusstsein der Lebewesen existiert.

So unbestreitbar es ist, dass Kant der Erscheinungswelt durch seine Hypothese von dem psychischen Mechanismus der Anschauungsformen und Kategorien Beharrlichkeit und Gesetzmässigkeit sicherte, so unzweifelhaft ist doch, was man auch sagen möge, dass diese Welt, sobald man den Blick von ihr auf die Welt der Dinge an sich wendet, eine Schein- und Traumwelt wird, ein „Werk der Maja", „ein hervorgerufener Zauber, ein bestandloser, an sich wesenloser Schein, der optischen Illusion und dem Traum zu vergleichen, ein Schleier, der das menschliche Bewusstsein umfängt, ein Etwas, davon es gleich falsch und gleich wahr ist, zu sagen, dass es sei, als dass es nicht sei". (Schopenhauer W. a. W. u. V. 3. Auf. 1859 1. Bd. S. 496.)

Nur der Schuppe'sche Nachweis, nicht bloss, dass wir in die Ding-an-sich-Welt nicht eindringen können, sondern, dass die Annahme derselben eine absolute contradictio in adiecto, ein völliger Nonsens ist, vermag uns festen Boden unter die Füsse zu geben und die uns umgebende, von Jugend auf vertraute Welt wieder zur wirklichen zu machen. Das war um so nötiger, als Kant das aller Realste und Bekannteste in ihr, unser eigenes „Ich", zur Erscheinung herabgedrückt hatte. Mit dem Satze, dass ich keine Erkenntnis von mir habe, „wie ich bin, sondern bloss, wie ich mir selbst erscheine", (Kr. 158) ist zum eigentlich Seienden ein hinter dem Ich stehendes Ding an sich gemacht, im Verhältnis zu welchem das Erscheinungs-Ich ein Schein-Ich ist, sodass nach Jacobi's Wort die Seele vorstellt „nicht sich selbst noch andere Dinge, sondern solches einzig und allein, was weder sie selbst ist noch was andere Dinge sind".[1]) Thatsächlich hatte Kant mit seiner letzten Folgerung das Kartesianische cogito ergo sum, „insofern es die Wahrnehmung von einem Dasein enthalten mag" (Kr. S. 404), dieses ποῦ στῶ aller Philosophie, verlassen. Kant hatte die Dingansich-Welt dazu benützt, um in ihr die Postulate der praktischen Vernunft, für die er in der Welt der theoretischen Vernunft keinen Platz fand, unterzubringen, obgleich doch klar ist, dass keiner, der im innigen Gebete die Nähe des persönlichen Gottes erfahren hat, sich damit wird begnügen wollen, Gottes Existenz in die nebulose Transcendenz zu verlegen,[2]) die gleich Schelling's Absolutum so recht eigentlich die Nacht ist, in der alle Kühe schwarz sind. So haben denn Schopenhauer und in neuester Zeit Karl du Prel in „das Jenseits des Bewusstseins".[3]) Kant's Verfahren für ihre Spekulationen nachahmend, die ganze Spuk- und Geisterwelt hineinpraktiziert. Ich sehe nicht ein, wie man unter Festhaltung der Kantischen Zwei-Welten-Theorie erfolgreich dagegen ankämpfen kann.

Die Abhängigkeit alles Seins vom Bewusstsein hatte sich also daraus ergeben, dass Schuppe in dem Identitätsprincip eine Kategorie erkannte.

Die Darstellung des Grundsatzes der Identität durch die Formel a = a hat Schuppe allerdings entschieden abgelehnt, „weil die Giltigkeit der Norm erst von der vorausgesetzten Thatsache abhängt. Diese Grundbedingung alles Denkens aber als eine vom a gewonnene sachliche Erkenntnis zu präsentieren, ist (nicht minder) lächerlich, weil die Vorstellung vom a, auch nur bei seiner ersten Nennung, bereits diese angebliche Erkenntnis zu ihrer unentbehrlichen Voraussetzung

---

[1]) Citat bei Windelband. Gesh. d. Phil. S. 451.

[2]) v. Nathusius, das Wesen der Wissenschaft. S. 312 ff.

[3]) Karl du Prel, Rätsel des Menschen. S. 73 u. oft.

hat. Wir haben den Vorgang anzuerkennen als die erste allgemeinste grundlegende Denkthätigkeit, auf welchem erst die Selbstverständlichkeit des a ist a beruht. Das ist nicht das Denken, dass an einem gegeben a erkannt würde, dass es mit sich identisch ist, wie eine an ihm bemerkbare Eigentümlichkeit; man könnte sonst mit allem Rechte die blödsinnige Frage thun, ob es denn wirklich für alle Fälle feststehe, dass jedes a a und jedes b b sein müsse. Vielmehr besteht eben die Qualität oder der Charakter des a als *Bewusstseinsinhalt* in dieser seiner festen Bestimmtheit und Unterscheidbarkeit, welche alles Denken bedingt; in ihr besteht eben das Denken"[1]). Es ist allerdings schwer, das, was als Leistung des Identitätsprinzips angesehen werden muss, in Worte zu fassen, da die Zerlegung und Unterscheidung des gegebenen Bewusstseinsinhaltes „nicht soweit durchgeführt werden kann, dass die unterschiedenen Bestandteile wie selbstständig für sich Existierendes denkbar würden."[2]) Schuppe bezeichnet es als „Aufnehmen des Eindrucks in seiner positiven Bestimmtheit zugleich natürlich mit Ausschluss von allem andern."[3]) Das Prädikat „dasselbe" oder „identisch" findet dabei keine Verwendung. Am treffendsten charakterisiert das Gemeinte wohl der von ihm gebrauchte Ausdruck „Fixieren" (Erk. Lgk. S. 145).

Wie nun von Objekt nur die Rede sein kann, insofern dieser Anteil, den das Denken hat, bereits mitgedacht ist; wie das Objekt für sich denken zu wollen eine contradictio in adiecto ist, so ist umgekehrt diese That des Fixierens unter Abstraktion vom Objekte gar nicht denkbar. „Sie sowohl wie die Vorstellung von dem Objekte ist immer nur durch die Subtraktionsformel bezeichenbar, welche nicht ausgeführt werden kann (Ibid.). Da also ein Objekt unter völliger Abstraktion von diesem zweiten Bestandteile, den

---

[1]) W. Schuppe, Erkenntnistheoretische Logik. S. 147. S. auch seinen „Grundriss der Erkenntnistheorie und Logik". S. 40.

[2]) Erk. Logik. S. 145.

[3]) Ibid.

wir als Denken bezeichnen, unfassbar, ein Laut ohne Sinn ist, so „ist auch die Vorstellung von einer Thätigkeit des Subjekts, welche das Objekt ergriffe, nicht im eigentlichen Sinne zulässig, da wir das Objekt als noch unergriffenes, welches erst ergriffen würde, uns nicht vorstellen können. Dieses Zusammen der beiden Bestandteile ist eben Urthatsache und muss uns als Urvoraussetzung gelten" (Erk. Lgk. S. 146). Noch klarer zeichnet die Stellung dieses Elementes die „Natürliche Weltansicht" von Schuppe in den Worten: „Das Denken als subjektive Thätigkeit ist nichts oder doch nichts Anderes als das Bewusstsein von einem so und so beschaffenen Inhalte. Sind es abstrakte Begriffe, sind es Identitäten und Verschiedenheiten, sind es Causalzusammenhänge, so heisst das Sich-ihrer-bewusstsein Denken; ist es Lust oder Unlust, so heisst es Fühlen". Wenn Schuppe für jene genannten Inhalte die üblichen Bezeichnungen Denkthätigkeit und Denkakt beibehält, so ist durch die zitierten Stellen doch jeder transcendenten Deutung dieser Ausdrücke ein Riegel vorgeschoben[1]).

Eben dies ist der Punkt, in welchem sich Schuppe fundamental von den Idealisten am Anfang unseres Jahrhunderts unterscheidet; hier liegt der Hauptfortschritt, welchen seine erkenntnistheoretische Stellung gegenüber derjenigen eines Salomon Maimon, Beck, Fichte, Hegel bedeutet. Ein hinter den Objekten steckendes Ding an sich erkannten auch sie nicht mehr an. Das Ding an sich verbirgt sich bei ihnen hinter dem Bewusstsein, welches als etwas Aktives, Spontanes die Formen unserer Vorstellungen oder diese selbst produziert. Nach Schuppe dagegen ist das Bewusstsein eines der abstrakten Momente, in welche das Konkret-Wirkliche sich zerlegen lässt. Die Formen unserer Vorstellungen bezw. die verschiedenen Arten der Verknüpfung oder Beziehung zwischen dem sinnlich Wahrnehmbaren sind

[1]) Dies gegen v. Schubert-Solderr, Grundlagen einer Erkenntnistheorie. S. 162 Anmerk.

nicht sowohl Schöpfungen oder Produkte eines unter dieser Voraussetzung notwendigerweise transcendent zu denkenden „Bewusstseins“, sondern sie gehören ebenso wie das Sinnfällige zu den abstrakten Momenten, welche im Konkret-Wirklichen unterscheidbar sind. Wie jenes (das Sinnfällige) bezeichnen wir sie im Verhältnis zum Bewusstsein als Inhalt desselben.

Wenn Schuppe sie *Denk*thätigkeiten nennt und damit (die Deutung von Thätigkeit im eigentlichen Sinne ist durchaus fern zu halten) näher ans Bewusstsein rückt als das sinnlich Wahrnehmbare, so wollte er damit die eigentümliche Besonderheit der Beziehungen zum Ausdruck bringen, dass sie immer vorhanden sind, wo und wann Bewusstsein von etwas da ist, sie mithin die conditio sine qua non dafür sind, dass etwas Inhalt des Bewusstseins ist. Auch sie selber kann man nicht zum Gegenstande der Reflexion machen, ohne sich dabei ihrer zugleich in ihrer Eigenschaft als Beziehungen zu bedienen, ein Fall, den B. Erdmann im Auge hat, wenn er sagt, „dass es eben auch Beziehungen von Beziehungen giebt“.[1]) Diese Thatsache, dass, wie wandelbar auch die Inhalte seien und unabhängig von ihrer Mannigfaltigkeit, überall, wo Bewusstsein da ist, sich Identifizierung und Unterscheidung vorfindet, giebt uns die Berechtigung, diese Kategorien zum Kern und Wesen des Bewusstseins selber zu rechnen. Das Bewusstsein hinsichtlich dieser eigenartigen in ihm „gelegenen Bedingung, welche „Denken“ oder „Gedachtes haben“ für die Seele möglich macht“, versteht Rehmke[2]) und, wie aus Seite 125 seines „Grundrisses“ ersichtlich ist, auch Schuppe unter „Verstand“.

Trotz der klarsten Ausführungen über den besprochenen Punkt, und obgleich Schuppe in verschiedenen Schriften den daran sich heftenden Missverständnissen disertis verbis entgegengetreten ist, hat man ihm doch wieder und wieder die Auffassung des Bewusstseins als eines auch vor der

[1]) Logik 58.

[2]) Lehrbuch der Allgemeinen Psychologie 493 ff.

Konkretion durch Inhalte oder Objekte existierenden ens metaphysicum und der Kategorien als von ihm gewirkter Veränderungen an einem ununterschiedenen, unbestimmten Einfachen untergeschoben, um dann seine Lehre mit heiterer Selbstzufriedenheit unter der Rubrik „transcendenter Idealismus“ einzutragen. Es ist nicht schwer zu begreifen, wie man dies hat thun können, wenn man sich der Worte Kant's erinnert, dass es Gelehrte giebt, „denen die Geschichte der Philosophie (der alten sowohl wie der neuen) selbst ihre Philosophie ist“, dergestalt, dass nichts gesagt werden kann, „was ihrer Meinung nach nicht schon gesagt worden ist“. Fast wörtlich passen auf den Verfasser des Aufsatzes „das erkenntnistheoretische Ich und der natürliche Weltbegriff“ Kant's Worte gegen den Rezensenten seiner Kritik der reinen Vernunft, welcher, sei es nun „aus Ungeduld, ein weitläufiges Werk durchzudenken oder verdriesslicher Laune über eine angedrohte Reform einer Wissenschaft, bei der er schon längst alles ins reine gebracht zu haben glaubte“, damit er „doch einen Gesichtspunkt fasse, aus dem er am leichtesten auf eine dem Verfasser unvorteilhafte Art das ganze Werk vor Augen stellen könne“ damit anfängt und damit endigt, dass er sagt: „Dies Werk ist ein System des . . . . Idealismus“.

Während Schuppe als Charakteristikum des Denkens „das Aufnehmen des Eindrucks in seiner positiven Bestimmtheit“ anführt und damit den Blick auf den im Bewusstsein neu aufgetretenen Eindruck konzentriert, was besonders deutlich die Umschreibung „Fixieren“ darthut, Schuppe also als Kern des Denkens das Identifizieren, mithin das ansieht, was man seit Kant als Position oder Setzung bezeichnet hat, findet Rehmke das wesentliche Merkmal des Denkens im Unterscheiden.[1]) „Die erste Denkthätigkeit der Seele, welche ihr anstatt der bisher „unbestimmten“ Einheit eine „bestimmte“ bietet, ist das *Unterscheiden oder Zerlegen*, in welchem der bisher unbestimmte Bewusstseinsinhalt als gesonderter, aus

---

[1]) „Psychologie“. S. 478 ff.

mehreren Besonderen bestehend der Seele eigen ist."[1]) „Was ist es nun, das dieses Denken für die Entwicklung des Bewusstseins leistet? Die Veränderung der Seele, welche das Denken bezeichnet, bietet das Neue, dass anstatt der bisherigen „ungeschiedenen", einfachen Einheit des Inhaltes eine zergliederte, aus *mehrerem Besonderen bestehende Einheit* da ist." (Psych. S. 487.) Auch er hält wie Schuppe von der gebrauchten Bezeichnung „Denkthätigkeit" die Meinung fern, „als ob die unterscheidende Seele zunächst sich, ohne von vornherein zugleich auch schon Unterschiedenes zu haben, verändere (etwa hin nnd herlaufe) und erst am Schlusse dieser „Thätigkeit" Unterschiedenes habe" (Ps. 482). „Wir haben uns demnach davor zu hüten, zu meinen, dass für die Seele das Unterscheiden eine Bestimmtheit bedeute, welche dem „Unterschiedenes-haben" *vorausgehe*. Ebenso, wie „Wahrnehmen" dieselbe Bewusstseinsbesimmtheit bedeutet, wie „Wahrnehmung" oder „Wahrgenommenes haben", so ist *„Unterscheiden" ganz dasselbe, wie „Unterschiedenes-haben"*. Den ganz gleichen Standpunkt vertritt v. Schubert-Soldern, wenn er sagt: „Ein Etwas kann mir nur gegeben sein, insofern es mir als ein bestimmtes und daher auch von andern unterschiedenes Datum gegeben ist."[2]) Und konsequentermassen kommt er S. 171 zu dem Resultat, dass „als Axiom des Denkens eher die Unterscheidung, als die Identifizierung zu setzen" sei. Aber auch Schuppe liegt die Auffassung des Denkens als „Unterscheiden" nicht fern. So bezeichnet er das Denken in einem Atemzuge als Identifizieren und Unterscheiden, und S. 159 seiner „Logik" heisst es, dass „das eben die Bedingung der einfachen Existenz eines bestimmten Eindrucks war, dass er sich von allem anderen unterschied". Und wenn auch manche Stellen dann von Gegebenem sprechen, welches noch nicht Unterschiedenes sei, jene Ansicht also noch nicht konsequent durchführen, so ist dies in seinem „Grundriss" geschehen, wo es S. 39 heisst:

[1]) „Psychologie." S. 485.

[2]) Grndl. e. Erktsth. S. 100.

„Bei diesem ersten Ansatze, der allem Denken zu Grunde liegt, ist dasjenige, was dabei das Denken thut oder was dem Denken angehört, von dem Gegebenen, welches Objekt des Denkens ist, kaum zu unterscheiden. Wir werden darauf geführt, wenn wir erwägen, dass Bewusstsein, dessen Inhalt ein einziger in sich absolut ununterschiedener Eindruck wäre, nicht gedacht werden kann, also eine Mehrheit von solchen vorausgesetzt werden muss. Nun schliesst der Begriff der Mehrheit die Unterscheidung ein, und die Unterscheidung setzt ebenso selbstverständlich eine positive Bestimmtheit jedes der Verglichenen und Unterschiedenen voraus." Damit stimmt auch v. Sigwart überein, wenn er sagt:[1]) „Indem wir einen bestimmten Ton als solchen vorstellen, können wir das nur, indem wir ihn als einen, mit sich identischen, von andern mehreren unterschiedenen denken. nur so ist er überhaupt Gegenstand unseres Bewusstseins, das ohne eine Vielheit unterschiedener Objekte gar nicht denkbar ist; indem wir also den Ton A denken, ist damit die Vorstellung der Einheit und der Identität mit sich, ebenso des Unterschieds von anderen und damit die Vorstellung einer Mehrheit dieser anderen unabtrennbar mitgesetzt." Das Identifizieren bringt also die positive, das Unterscheiden die negative Seite derselben Sache zum Ausdruck; in Wahrheit ist eines ohne das andere undenkbar. Unsere Sprache hat leider kein Wort, welches diese beiden Seiten des Denken zugleich bezeichnete.

Im Gegensatze zu der vorgetragenen Ansicht bestreitet B. Erdmann die Korrelation zwischen Unterscheidung oder Negation und Position oder Identifizierung, wenn er auf Seite 174 seiner Logik sagt: „Da die Setzung demnach eingeschlossen ist in die Beziehung jedes Vorgestellten auf sich selbst, also die Setzung irgend eines Gegenstandes als solche eine Beziehung auf die Setzung eines anderen weder fordert noch zulässt, so ist die Setzung, wie einfach und ursprünglich, so auch selbständig. Jede Unterscheidung also setzt nicht

[1]) Logik. Tübingen 1873. Bd. 1. S. 288.

weniger als jede Vergleichung die Identität des Verschiedenen und des Gleichen mit sich selbst voraus. Jeder Versuch, die Setzung an eine Unterscheidung zu binden, kehrt deshalb das Abhängigkeitsverhältnis beider irrig um." „Der Grundsatz der Nichtidentität besagt nicht mit anderen Worten dasselbe wie der Grundsatz der Identität; er ist auch keine analytische Folgebestimmung des letzteren, sondern steht zu ihm vielmehr im Verhältnis synthetischer Abhängigkeit. Er setzt den Grundsatz der Identität voraus". u. s. w.

Aus dem von ihm energisch verfochtenen Satze, dass alles Bewusste Unterschiedenes ist, zieht v. Schubert die Konsequenz, dass die einzelnen Dinge und ihre Eigenschaften „nur in ihren wechselseitigen Beziehungen und Unterschieden selbst existieren" (Grundl. einer Erkth. 133).

So setze zum Beispiel „Rot" sein Verhältnis zur Farbenskala voraus. „Gäbe es nur rot und keine andere Farbe, so könnte ich nicht die Röte als Röte, sondern höchstens als Farbe (etwa im Gegensatze zur Härte, dem Tone u. s. w.) hervorheben".

Schuppe ist der Ansicht, dass, falls uns nur die eine Farbenbestimmtheit „Rot" gegeben wäre, wir allerdings kein Bedürfnis hätten, ihre positive Bestimmtheit zu unterscheiden, und dass uns deshalb auch der Name für sie fehlen würde. Es sei aber falsch zu meinen, die positive Bestimmtheit sei nicht vorhanden, wenn sie nicht im Gegensatz zu anderem ins Bewusstsein tritt, vielmehr werde „erst durch sie Unterscheidbarkeit von anderem möglich".

Das hier berührte Problem, ob positive Bestimmtheit bestimmte Unterscheidung fordere, ist bereits früher zur Sprache gebracht worden.

v. Sigwart (Logik 1. Aufl. Bd. 1. S. 279 Anmerk.) sagt: „Die Meinung, als ob erst durch Unterscheidung eine Vorstellung eine bestimmte werde, vergisst, dass das Unterscheiden selbst nur möglich ist zwischen schon vorhandenen verschiedenen Vorstellungen, und dass Unterscheidung also den unterschiedenen Gehalt nicht erzeugt. Wenn z. B. Ulrici

(Kompendium der Logik 2. Aufl. S. 60) sagt: „Nur weil Rot eben als Rot zugleich nicht Blau, nicht Gelb u. s. w. ist, nur darum ist es diese bestimmte Farbe, die wir rot nennen — ohne den Unterschied von Blau u. s. w. wäre es ohne alle Bestimmtheit, nur Farbe — überhaupt ein schlechthin Unbestimmtes, von dem wir nichts wissen würden, weil, wie gezeigt, die Farbe als Farbe nur durch die Unterschiedenheit der Farben uns zum Bewusstsein kommt“ — so kann ich dieser Ausführung nicht zustimmen. Die Empfindung des Rot — genauer eines bestimmten Rot — ist etwas vollkommen Positives mit eigentümlichem Inhalt, es wäre dieses, wenn auch weniger als die von allen normalen Augen wahrgenommenen Farben daneben empfunden würden; und es hindert bei Keinem die Bestimmtheit der Farbenempfindungen, dass er vielleicht eine Menge von Farben niemals zu Gesicht bekommt. Nur die Mannigfaltigkeit fiele weg und damit der Reichtum seiner Vorstellungen; für den, der nur Rot empfände, wäre allerdings Rot soviel als Farbe überhaupt, aber damit wäre nur gesagt, dass die Vorstellung Farbe keine Mannigfaltigkeit unterscheidbarer Qualitäten unter sich begriffe, nicht dass sie ein schlechthin Unbestimmtes wäre. Die Bedingungen, unter denen wir eine Vielheit von Empfindungen im Bewusstsein festhalten können, sind nicht die Bedingungen für die Bestimmheit der einzelnen, vielmehr ist diese die Voraussetzung von jenen“.

Hinsichtlich ihrer Antwort auf die allgemeine Frage, ob die positive Bestimmtheit nur vorhanden sei, wenn sie im Gegensatz zu anderen ins Bewusstsein träte, und auf die specielle, ob „Rot“ die Unterscheidung von den übrigen Farbenspezies voraussetze, stehen also Schuppe und v. Sigwart auf der einen, v. Schubert und Ulrici auf der anderen Seite. Zu der Frage, ob „Rot“ die ganze Farbenskala voraussetze, wagt Verfasser nicht Stellung zu nehmen. Die Entscheidung darüber verlangt genaue Selbstbeobachtung. Die erste Frage aber glaubt er vom Boden der Schuppeschen Erkenntnistheorie aus im Sinne v. Schuberts beantworten zu müssen. Das Zugeständnis, dass man etwas haben resp. denken könne, ohne dass dieses als Unterschiedenes ins Bewusstsein tritt, scheint ihm einen Sprung ins Unbewusste zu bedeuten.

Fassen wir unsere Ergebnisse in einem kurzen Resümee zusammen: Kant hat die Wirklichkeit in das durch die Dinge an sich in uns gewirkte Mannigfaltige der Anschauung und in die durch die spontane Thätigkeit des Verstandes gewirkten Verknüpfungen oder Synthesen dieses Materials, die Kategorien, zerlegt. Nun fand er ausserdem noch die sogenannten logischen Beziehungen vor. Konsequentermassen hätte er auch sie ins Subjekt verlegen müssen. Hätte er es versucht, so hätte er merken müssen, dass die reale Trennung zwischen dem Sein und ihnen unmöglich sei, und er hätte an seinem erkenntnistheoretischen Dualismus irre werden müssen. Aber die Stellung der logischen Beziehungen ist ihm nicht zum Problem geworden. Obwohl er sie einerseits als „die schlechthin notwendigen Regeln des Denkens, ohne welche gar kein Gebrauch des Verstandes stattfindet" anerkennt, verlegt er sie im schroffen Widerspruch mit den Prinzipien seines erkenntnistheoretischen Standpunktes zugleich ins Gegebene. Ihr Verhältnis zu den Kategorien bleibt ungeklärt[1]). Uebrigens findet sich das Princip der Identität thatsächlich in der Kantischen Kategorientafel. Es steckt verborgen in den Kategorien der Realität und Negation. Aber die Identität derselben mit jenem Principe ist Kant nicht zum Bewusstsein gekommen, geschweige denn, dass er die Konsequenzen daraus gezogen hätte[2]). Hier setzt nun Schuppe ein. Er sieht in dem „logischen Grundsatze" die erste und Hauptkategorie. Er macht im wahren Sinne den Stein, der von den Bauleuten verworfen worden war, zum Eckstein; und aus der Thatsache, dass kein Sein ausserhalb und unabhängig von dieser Kategorie fassbar ist, gewinnt er, nachdem Kant bereits den Satz aufgestellt hatte,

[1]) Schuppe, „Das Verhältnis zwischen Kants formaler und transcendentaler Logik." (Philos. Monatsh. IX. S. 513 ff.

[2]) Weiteres siehe weiter hinten. Schon Schopenhauer hat diese Verwandtschaft erkannt. Kr. d. K. Phil. S. 540.

kein Denken (Erkennen) ohne Objekt, die Umkehrung desselben: kein Objekt ausserhalb des Denkens, d. h. zunächst: ohne diese kategoriale Bestimmtheit. Und wenn man die Kategorie dem Bewusstsein zurechnet, so folgt: „kein Sein ausserhalb des Bewusstseins“ oder „alles Sein ist Bewusstseiendes“. Jenem ursprünglichsten Principe des Denkens untersteht also jeder Bewusstseinsinhalt. Definiert man nun Urteilen als die Beziehung von Vorstellungen auf einander, so ist, da das Denken als Unterscheiden stets die Beziehung auf anderes in sich enthält, alles Denken ein Urteilen. Urteilen und Denken sind also identisch und zwar so, dass alles Gedachte, d. h. also jeder Bewusstseinsinhalt, Urteil ist. Der Begriff des Denkens oder Urteilens ist mithin ein weiterer als der des Erkennens, d. h. des allgemeingiltigen und notwendigen Denkens oder des Denkens des wahren Seins. Die Gegensätze von Wahrheit und Irrtum haben in diesem primitivsten Urteil noch keinen Platz[1]). Sie zeigen sich erst, wenn nach Ausbildung der Begriffe von Teil und Ganzem, d. h. auf Grund erkannter Zusammengehörigkeit, *bestimmte* Unterscheidung stattfindet.

Das ursprünglichste Urteil ist unbestimmte Unterscheidung. Unterscheidung aber ist Negation: „Dieses ist nicht jenes“ ist absolut gleichbedeutend mit „dies ist etwas Anderes als jenes“, „dies und jenes sind verschieden“[2]). Das mit der Fixierung eines Eindruckes zusammenfallende, also ursprünglichste Urteil ist mithin das rein negative. Es unterscheidet sich selbstverständlich wesentlich von den negativen Urteilen, welche mit Begriffen operieren, die durch Zusammengehörigkeitsurteile entstanden sind, und deren Erklärung eine der vorzüglichsten Leistungen der Schuppe'schen Logik ist.

Es wäre nicht unvorteilhaft, die hauptsächlichsten Unterschiedenheiten zu sammeln und systematisch zu ordnen.

[1]) Schuppe, „Logik“. S. 147. Rehmke, „Psychologie“. S. 494 und 146.
[2]) „Grundriss“. S. 39.

v. Schubert hat schon einen Versuch dazu gemacht, der aber nicht befriedigen kann. Zwar ist seine Tafel der Beziehungen gegenüber der Hume'schen, von deren Kritik er ausgeht, eine verbesserte zu nennen, da v. Schubert einerseits die Beziehungen der Aehnlichkeit, Identität und des Gegensatzes, andererseits die Beziehungen, welche Hume als Verhältnis von Mass und Zahl bezeichnet, und diejenigen der Zeit und des Ortes unter einem gemeinsamen Namen vereinigt und somit statt der Hume'schen sieben nur vier Beziehungen aufzählt: Unterscheidung, Beziehung in Raum und Zeit, Intensität und Notwendigkeit. Es ist aber klar, und v. Schubert bemerkt es an einer Stelle seiner „Erkenntnistheorie" selber, dass Unterscheidung das generelle Merkmal aller Beziehung ist, Beziehung in Raum und Zeit sowie Intensität also spezielle Arten von Unterscheidungen sind. Und auch das ist zu bestreiten, dass diese beiden Beziehungen und Notwendigkeit so koordiniert neben einander genannt werden dürfen.

Während Schuppe in seiner Kategorie der Identität und Unterschiedenheit eine ganz neue, von Kant völlig übersehene Kategorie entdeckte und zugleich mit dieser der Erkenntnistheorie eine neue Grundlage schuf, ist seine zweite Kategorie als eine aus Kantischen Spekulationen hervorgegangene aufzufassen.

Wir hatten gesehen, dass für Kant das Denken in der notwendigen und objektiven Verknüpfung des Mannigfaltigen unserer Vorstellungen bestand, und dass diese Auffassung des Denkens durch alle seine Definitionen hindurchschimmerte. Eben in dieser eigentümlichen Bestimmtheit unserer Bewusstseinsdaten, welche wir als notwendiges Zusammen oder Verknüpftsein bezeichnen, erkennt Schuppe das zweite Denkgesetz, welches er unter dem Namen des Causalprincipes neben das Identitätsprincip stellt.

Was das Verhältnis dieser zweiten Spezies des Denkens zu der erstbehandelten anbetrifft, so ist sie ihr nicht „einschränkungslos einfach als zweite" „koordiniert". Die Aussage von Kausalität ist nur denkbar auf Grund und unter

Voraussetzung des Identitätsprincipes (Erk. Lg. 157), und auch die durch das Kausalitätsprincip geschaffenen Synthesen können für das Identitätsprincip zum gegebenen Material werden.[1]) Ebenso sagt Rehmke, dass das Unterscheiden oder Zerlegen notwendig als eine dem Vereinen oder der Synthesis vorausgehende Thätigkeit der Seele anzusehen sei (Psych. 484); denn das Vereinen oder Verknüpfen setzt Mehreres als Bewusstseinsinhalt notwendig voraus: die Seele muss schon Unterschiedenes, Mannigfaltiges haben, um es vereinen oder verknüpfen zu können. (Psych. 490.)

Die Kausalität steht zwar nicht in unmittelbarem Zusammenhange mit dem Auftreten eines Eindruckes im Bewusstsein. Thatsache aber ist, dass der Gedanke von Ursache und Wirkung da ist und sich als ein vom sinnlich Wahrnehmbaren völlig Unterschiedenes bietet: „Wer einen Beweis für das wirkliche Vorhandensein von Ursache und Wirkung verlangt, giebt in kindlich naiver Weise, ohne es zu merken, das Prinzip zu“. (Erk. Lg. 157.)

„Wie die Ursache es macht, die Wirkung aus sich hervorzubringen, kann Niemand ahnen. Es liegt nahe genug und bedarf keiner philosophischen Spekulation, um als den eigentlichen fassbaren Sinn dieser Verknüpfung das zu erkennen, dass die zeitliche Aufeinanderfolge zweier Erscheinungen dadurch für immer sichergestellt und verbürgt sei (ibid. 184).

„Was in den Sinnesdaten als objectiv vorhanden wahrgenommen wird, ist doch immer nur eine bestimmte Zahl gleicher Successionen. . . . Was die wahrgenommene Succession zum kausalen Zusammenhange macht, ist die unerschütterliche Erwartug ihrer Ausnahmslosigkeit; sie kann nicht anders ausgedrückt werden als durch das Müssen und Notwendigsein.“ Wenn man oft zu sehen meint, wie die Ursache die Wirkung aus sich hervorbringt, so ist dies nur

[1]) Schuppe. Das Verhältnis zwischen Kants formaler und transcendentaler Logik. S. 520. „Grundriss“. S. 45 und 99.

ein Schein, verursacht durch die Gewohnheit an bestimmte Succession. Auch die Angabe der Mittelstufen macht wohl das Was, aber keineswegs das Wie der Verursachung klarer. In diesem ursächlichen, kausalen oder notwendigen Verknüpftsein besteht nun das Zusammengehören der Erscheinungen und ihre Einheit (ibid. 187).

Von dieser Zusammengehörigkeit der zeitlichen Succession oder empirischen Notwendigkeit unterscheidet Schuppe als zweite Art kausalen Verknüpftseins die Zusammengehörigkeit der Coexistenz. Zu ihr gehört: 1. das Zusammen der Elemente, welche eine einfachste wirkliche Erscheinung ausmachen. Zur einfachsten wirklichen Erscheinung sind nämlich mindestens die Qualität eines Sinnes, eine räumliche und eine zeitliche Bestimmtheit nötig (Erk. Lg. 166. Grdss. 78). „Ihre Zusammengehörigkeit besteht in ihrer Unentbehrlichkeit zur wirklichen Erscheinung oder Wahrnehmung, und wir müssen diese Art von Zusammengehörigkeit als Urthatsache und Massstab hinnehmen“ (Erk. Lg. 168). „Die einfachste wirkliche Erscheinung ist an das Zusammen dieser Elemente gebunden; denkt man eines weg, so ist der Rest so gut wie das ausgesonderte nur noch denkbar, nicht mehr wahrnehmbar“ (ibid. 166). „Keines von ihnen (kann) ohne die Ergänzung durch die andern zur Erscheinung kommen (ibid. 181), d. h. ohne die Gattungen der anderen; denn die Spezies sind nur notwendig, wenn ein bestimmter Eindruck vorhanden sein soll. Der Charakter der Elemente ist der des Allgemeinen. Nur das Zusammen derselben in der wirklichen Erscheinung, aus der sie durch Aussonderung gewonnen werden, ist ein Individuelles.

Zu dieser Zusammengehörigkeit oder Notwendigkeit, welche Schuppe als die elementare bezeichnet, rechnet er auch diejenige, welche unmittelbar aus der Zeit- uud Raumanschauung fliesst, z. B. die Notwendigkeit, nach der verschiedene Qualitäten nur neben- und nacheinander wirklich erscheinen können, sowie fernerhin die speziellen Verhältnisse unter den mathematischen Grössen und Gestalten.

Als zweite Art der koexistierenden Zusammengehörigkeit nennt Schuppe die begriffliche Zusammengehörigkeit des genus und der differentia specifica. Während die Elemente „bei aller anschaulichen Zusammengehörigkeit und Unentbehrlichkeit, . . . in ihrem Begriffe einander fremd und äusserlich und selbständig“ sind (ibid. 169), hat „das Generische . . . seine ganze Existenz nicht nur thatsächlich, sondern auch seinem Begriffe nach nur in der Spezies, und es sitzt so tief in ihr und durchherrscht sie so auf allen Punkten, dass sie ohne jenes undenkbar wird“. „Das Spezifische erscheint als die Verwirklichung des Generischen und das Generische als der tragende Grund und die innere Möglichkeit alles Spezifischen“ (ibid. 182). Auch dieses Zusammen ist undefinierbar.

Die innige Zusammengehörigkeit der Erscheinungselemente, der Ursache und Wirkung sowie des genus und des specificum wird bezeichnet durch die Ausdrücke „gegenseitige Bedingung sein“, „sich setzen“, „sich fordern“.

Was die Einheit der Erscheinungen, welche wir Ding nennen, ausmacht, ist also nicht die elementare oder begriffliche Notwendigkeit, sondern, wie wir Seite 38 andeuteten, „die empirische Notwendigkeit, dass jetzt hier und vorher dort und nachher dort diese so und so beschaffenen Wahrnehmungen stattfinden müssen, wenn es überhaupt diese Welt geben soll, in der wir uns finden, und ohne welche wir uns kein Bewusstsein denken können“. In der empirischen Notwendigkeit, d. h. der Gesetzmässigkeit der stattfindenden Wahrnehmungen, besteht also die Einheit des Dinges. Somit deckt sich Schuppes zweite Spezies des Denkens nicht bloss in ihrem Charakter als Prinzip der notwendigen Synthesis mit dem Kantischen Begriffe, sondern, insofern die Einheit des Dinges auf sie zurückgeführt wird, findet seine andere Definition des Denkens ihre Bestätigung: „Denken ist die Beziehung unserer Vorstellungen auf den Gegenstand.“

Die logische Notwendigkeit, welche der Satz des Widerspruches und der Satz vom ausgeschlossenen Dritten zum

Ausdruck bringt, hat Schuppe nicht als eine den drei hier genannten Arten der Notwendigkeit zugehörige namhaft gemacht. Wenn Schuppe diese logische Notwendigkeit dennoch als eine: „Die dem Identitätsprinzip eignet“ anerkennt, so folgt daraus, dass Notwendigkeit nicht ausschliesslich ein Merkmal der realen Zusammenhörigkeit ist, diese beiden Begriffe sich also nicht völlig decken, sondern der erstere ein weiterer ist. Ueber die Eigenart der logischen Notwendigkeit im Verhältnis zu der kausalen finden sich bei Schuppe noch keine Untersuchungen. Aus dem Erörterten aber geht hervor, dass Schuppe, obgleich sein zweites Denkprinzip mit Kants Begriff des Denkens übereinstimmt, als Arten desselben andere nennt als dieser. Und in der That konnte er Kants Kategorien als Arten der Zusammengehörigkeit nicht gebrauchen.

Die Kategorien der Quantität: Einheit, Vielheit und Allheit sind bei Kant lediglich Beziehungen oder Verknüpfungen nach der Zahl, wie man daraus schliessen darf, dass er die Zahl das reine Schema der Grösse nennt (Kr. 182). Auch bezeugt er von der Kategorie der Allheit ausdrücklich, dass zu ihr die Zahl gehört (Kr. 111). Demnach sind die Kategorien der Quantität nicht als ursprüngliche Synthesen aufzufassen. Sie sind, da die Zahl auf der Raum- und Zeitanschauung beruht und die Zugehörigkeit des Wo und Wann zur einfachsten Erscheinung voraussetzt, sekundärer Natur.

Auch die Kategorien der Qualität können nicht als Arten der notwendigen Verknüpfung gelten. Zunächst sind Realität, wofür man besser sagen würde Position, und Negation nicht zwei verschiedene Einheitsarten, da sie, wie wir oben gesehen haben, Correlate zu einander sind, die eine ohne die andere nicht bestehen kann. Dann aber ist die Einheit, welche sie stiften, im Verhältnis zu der hier behandelten völlig disparater Natur.

Mit Recht macht Schuppe darauf aufmerksam, dass der Akt der Vergleichung eine Einheitsfunktion sei, und zwar so, dass nicht blos die ins Bewusstsein tretende Identität resp. Gleichheit, sondern ebenso die Verschiedenheit Einheit schaffe: „Das negative Urteil reisst nichts auseinander, sondern lässt Verschiedenes eben zusammen denken.“ Aber ebenso richtig fügt er hinzu; dass dadurch „das Verschiedene natürlich nicht zu einer *realen* Einheit, wohl aber durch die beide Glieder der Gleichung verbindende Verschiedenheit des einen vom anderen und des anderen vom einen zu einer *logischen* Einheit wird.“ Wir haben es aber im Folgenden lediglich mit der realen Einheit, die auf dem Kausalitätsprinzip beruht, zu thun.

Die Kategorien der Relation und Modalität liegen, wie schon Schopenhauer erkannt hat, im Rahmen des kausalen Zusammenhanges; und zwar entsprechen die Kategorien der Kausalität und Gemeinschaft (Wechselwirkung) allgemein der Schuppeschen Zusammengehörigkeit der Succession oder empirischen Notwendigkeit, die Kategorie der Inhärenz und Subsistenz speziell derjenigen empirischen Notwendigkeit, welche die Erscheinungen zur Einheit des Dinges verbindet. Die Unmöglichkeit ist die Notwendigkeit des Nichtseins. Sie besagt also den notwendigen Zusammenhang zwischen dem Fehlen des einen Momentes und dem Vorhandensein eines genannten oder zu ergänzenden anderen. Notwendigkeit, Möglichkeit und Zufälligkeit sind besimmte Relationen innerhalb gesetzmässiger Zusammenhänge. Möglichkeit und Zufälligkeit negieren aber nicht völlig den *notwendigen* Zusammenhang zwischen den als möglich oder zufällig miteinander verknüpften Erscheinungen, sondern involvieren die Notwendigkeit, dass die betreffenden Erscheinungen einander nicht ausschliessen. Uebrigens möchten wir nicht mit Schuppe Zufälligkeit und Möglichkeit als zwei gesonderte Relationen innerhalb des allgemeinen Kausalnexus ansehen. Nach unserer Meinung decken sich beide *logisch* vollkommen. Ihr Unterschied ist ein rein sprachlicher. Von Zufälligkeit reden wir bei Ereignissen der Vergangenheit und Gegenwart, von Möglichkeit, wenn die Ereignisse noch in der Zukunft liegen.

Die Kategorien des Seins oder Nichtseins, wenn dabei nicht nur auf das, was den Gegensatz von positiv und negativ ausmacht, also nicht auf die Identifizierung und Unterscheidung als solche, gesehen wird, kongruieren mit der Kategorie der Notwendigkeit, indem das eben zum Begriff des Seins gehört, dass alles durchgängig in solchem gesetzmässigen Zusammenhange steht. (Erk. Lgk. 196, Grdriss S. 64).

So bleiben denn thatsächlich nur die beiden Kategorien Schuppes übrig.

Wie die Arten der Synthesis bei Schuppe andere sind als bei Kant, so natürlich auch entsprechenderweise die Urteilsarten. Die Urteile zerfallen nach ihm in Identifizierungen und Unterscheidungen und in Zusammengehörigkeitsurteile. Als eine Art der ersteren betrachtet Schuppe die Subsumtionsurteile. Als Urteile, welche auf der Zusammengehörigkeit beruhen, ergeben sich die folgenden:

1. Urteile, welche auf dem Verhältniss von Gattung und Spezies beruhen.

   a) die Spezies ist Subjekt und trägt das generische Moment als seinen wesentlichen Bestandteil in sich; z. B. Rot ist eine Farbe, oder Röte ist eine Farbe, oder in Rot ist Farbe, oder Farbe ist in Rot.

   b) das Generische ist Subjekt und die Spezies ist Prädikat. Das Urteil „diese Farbe ist rot" hält Schuppe dieser Forderung nicht für entsprechend, sondern für eine reine Identifizierung. Die richtige Umkehrung des Satzes „Rot ist eine Farbe" lautet nach ihm: „Farbe kann rot sein oder Farbe ist entweder rot oder grün oder gelb u. s. w."

2. Urteile, die auf der Zusammengehörigkeit der Erscheinungselemente beruhen.

   a) von einem ganz individuellen einfachsten Eindruck wird ein Erscheinungselement ausgesagt: Dieses x ist rund. „Die erkannte Notwendigkeit reicht nur soweit, dass jedes der ausgesonderten Elemente nicht für sich allein erscheinen kann und ferner, dass, wenn es mit einer anderen Spezies statt der wahrgenommenen vereinigt wäre, das alsdann Wahrnehmbare eben nicht identisch sein würde mit dem thatsächlichen Eindruck, der zum Ausdruck gebracht werden sollte.“ (Erk. Lgk. S. 397). Statt des Elementes kann auch die eigentliche Gattung vom Erscheinungsganzen prädiziert werden.

b) ein einzelnes Element wird zum Subjekt gemacht; dann ist von ihm nur aussagbar, „dass es eine von den Bedingungen einer Erscheinung ist, speziell eine von den Bedingungen derjenigen wirklichen Erscheinung, aus welcher es eben ausgesondert worden ist.“ (Erkth., Logik 399.) Aehnlich ist die Aussage der Gattung eines Elementes als Bedingung eines bestimmten Erscheinungsganzen. Die Prädikation eines Elementes vom andern kann nicht berücksichtigt werden, da hier das Verhältnis des Teils zum Ganzen nicht vorliegt. Möglich ist eine Aussage nur unter Vermittelung eines gedachten Erscheinungsganzen.

3. Urteile, deren Subjekt ein individueller Eindruck ist, der von mehreren Sinnen je eine Qualität hat Die Zusammengehörigkeit besteht dann darin, dass die Qualitäten dieselbe räumliche Bestimmtheit haben, und ihre Notwendigkeit beruht darauf, dass sie zusammen diesen bestimmten individuellen Eindruck ausmachen.

4. Zahl- und Gestaltprädikationen unterscheiden Identisches nach ihrem verschiedenen Wo und Wann, beruhen mithin auf der Zugehörigkeit des Wo und Wann zum einfachsten Erscheinungsganzen.

Die Urteile, welche den verschiedenen Dingarten und den verschiedenen Gesichtspunkten entsprechen, nach welchen wir innerhalb der Einheit des Dingbegriffes die Erscheinungen mit einander verknüpfen, sind zahllos wie diese selbst. Auch nur ihre obersten Gattungen zusammenzustellen, würde zu weit führen. Es ist dies Aufgabe einer ausgeführten Logik.

Es braucht wohl kaum daran erinnert zu werden, dass das Zur-Einheit-Zusammenfassen ebensowenig wie das Unterscheiden als die Thätigkeit eines transcendenten Subjektes, welche sich auf ein transcendentes Mannigfaltiges erstreckt, zu denken ist. Das notwendige Zusammen oder Verknüpftsein ist gleichfalls ein aus dem Konkret-Wirklichen ausgesondertes abstraktes Moment, welches wir aus dem nämlichen Grunde wie das Unterschiedensein näher ans Bewusstsein rücken als das sinnlich Wahrnehmbare. Den Grund dafür, dass man Denken stets als eine dem Gedachtes-haben vorausgehende und dasselbe bewirkende Bestimmtheit des Bewusstseins ansieht, hat Rehmke ausser in falschen erkenntnistheoretischen Voraussetzungen in der Verwechslung von Denken und Denkenwollen entdeckt. Er sagt (Ps. 456): „Die Verwechslung von Denken und Denkenwollen der Seele hat sicherlich das Ihrige auch dazu beigetragen, dass man, wie wir schon in Betreff des Unterscheidens erwähnten, das Denken als eine dem „Gedachtes-haben“ voraufgehende Thätigkeit der Seele auffasste, was man gestützt auf solche Verwechslung auch mit einigem Schein thun konnte; denn, wenngleich Denken und Gedachteshaben ein und dasselbe bezeichnen, und Denken niemals dem Gedachteshaben als eine besondere seelische Bestimmtheit voraufgeht, so ist das Vorausgehen doch vom Denkenwollen in Wahrheit auzusagen: Denkenwollen, wann immer es da ist, geht dem Gedachteshaben oder Denken ebenso wie Wahrnehmenwollen dem Wahrnehmen u. s. w. thatsächlich vorauf, die Thätigkeit Denkenwollen besteht als ursächliche Bewusstseinsbestimmtheit in Wahrheit, bevor das entsprechende Denken oder Gedachteshaben Bestimmtheit der Seele ist.“

In dieser Verwechslung von Denken und Denkenwollen findet Rehmke auch den Grund dafür, dass man Denken als *spontane* Thätigkeit aufgefasst hat. Und mit Recht. Erklärt doch Wundt[1]) ausdrücklich: „Wir empfinden das Denken als eine spontane innere Thätigkeit, und so bleibt uns nach Beseitigung der falschen Vermögensbegriffe nur übrig, dasselbe als eine unmittelbare *Willenshandlung* und demgemäss die logischen Denkgesetze als *Gesetze des Willens* aufzufassen."[2]) Treffend bemerkt Rehmke gegen eine solche Auffassung: „Denkenwollen aber ist etwas Anderes als Denken, und wird man sich nur dessen klar, so muss man zu der Identität von Denken und Gedachteshaben zurückkehren: im Denken steckt niemals ein Wollen, wohl aber ist Denken ein möglicher Zweck des ursächlichen Bewusstseins und steckt in diesem Sinne seinerseits im „Denkenwollen"; Denken ist keine Willensthätigkeit, d. h. „Wollen", aber es kann wohl Willensinhalt sein. (Psych. 527.)

Das, was Schuppe dem Kausalprincipe zurechnet, stimmt mit Kant's Denken nicht allein darin überein, dass in beiden die Synthesis des Mannigfaltigen zum Ausdruck kommt, sondern auch in der Einschränkung auf die *notwendige* Synthesis.

Wenn nun auch zugegeben werden muss, dass der Begriff des Seins mit dem der Notwendigkeit sich deckt, insofern alles Seiende durchgängig in gesetzmässigem Zusammenhange steht, so giebt es doch vieles, was in Relation auf einander nicht im Verhältnis gegenseitiger Bedingtheit steht, und welches wir doch als ein Zusammen oder als Einheit auffassen, so dass der Begriff des Zusammen also ein weiterer ist als der der Notwendigkeit. Kant erkennt diese Thatsache an, wenn er, wie oben erwähnt, von einer bloss sub-

---

1) Wundt, Logik. 1. Aufl. 1. Bd. S. 71.

2) Anders v. Sigwart, welcher ein unwillkürliches aber trotzdem spontanes Denken kennt, welches er als solches von den „der Wahrnehmung unmittelbar gegebenen Elementen" unterscheidet. Log. S. 2. Etwas Unwillkürliches und zugleich Spontanes erkennt Rehmke nicht an: „Spontaneität aber gehört . . . nur der . . . *wollenden* Seele". Psych. 486.

jektiven und zufälligen Vereinigung von Vorstellungen spricht, von Vorstellungen, welche nur in der Wahrnehmung beisammen sind. Bezüglich dieses Zusammens hat Kant die Ansicht, dass die Verbindung „nicht durch Objekte gegeben, sondern nur vom Subjekt selbst verrichtet werden kann, weil sie ein Aktus seiner Selbstthätigkeit ist“, nicht festgehalten, vielmehr lehrt er, dass dieses Zusammen unserer Vorstellungen in der sinnlichen Anschauung gegeben sei. (Prol. 87.)

Diese Auffassung teilt Lotze, wenn er, wie oben erwähnt, von Vorstellungen spricht, welche ursprünglich zusammengeraten und zusammengehören, und ebenso Schuppe in der seinem erkenntnistheoretischen Standpunkte entsprechenden Form. Er sagt Seite 200 seiner Logik, dass das Identitätsprinzip aus sich dazu befähige, das, was oft zusammen bemerkt worden ist, zusammenzufassen, und wiederholt nennt er dieses Zusammen als auf der Raum- und Zeitanschauung beruhend das Zusammen des unmittelbaren Eindruckes, es der Verknüpfung durch Notwendigkeit und Möglichkeit entgegenstellend. Er erkennt also nicht das Zusammen oder die Verknüpfung überhaupt, sondern nur die notwendige Verknüpfung als Denkthätigkeit oder Kategorie an.

Anders Rehmke. Er nennt als zweite Spezies des Denkens ganz allgemein das Vereinen oder Verknüpfen und zählt als Unterarten desselben neben denen, welche Schuppe unter dem Namen des Kausalprinzipes begreift, noch einige andere auf. Wir gehen unten darauf näher ein. Zunächst wollen wir das Verhältnis der durch das vereinende Denken begründeten Einheit des Bewusstseinsinhalts, welche Rehmke als Denkeinheit bezeichnet, gegenüber der ursprünglichen Einheit, dem ungeschiedenen Einfachen, welches Voraussetzung und Grundlage des zerlegenden Denkens ist, bestimmen. Die Denkeinheit unterscheidet sich von ihm dadurch, dass sie 1. „keine ursprüngliche Einheit ist, sondern ihrerseits auch noch das Gegebensein von Mannigfaltigem, Mehrerem, das vereint werden kann, voraussetzt, also das unterscheidende oder zerlegende Denken noch zur notwendigen

Voraussetzung hat“, und 2. insofern sie „eben unterschiedene, zerlegte Einheit“ ist.

Aber noch eine dritte Einheit kennt Rehmke, deren Unterschied von der Denkeinheit abzugrenzen ist. Auf die Frage nämlich, welche Veränderung durch das unterscheidende Denken rücksichtlich der ursprünglichen Einheit des Bewusstseinsinhaltes eintritt, was also das unterscheidende Denken für die Entwickelung des Bewusstseins leistet, antwortet Rehmke, dass es das Neue biete, „dass anstatt der bisherigen ungeschiedenen, einfachen Einheit des Inhaltes eine zergliederte, aus mehrerem Besonderen bestehende Einheit da ist, welche aber als Einheit überhaupt mit jener die selbige ist; an der selbigen Einheit also bietet sich der unterscheidenden Seele nun Unterschiedenes als deren Stücke oder Bestimmtheiten, so dass die Seele nun eine bestimmte Einheit hat.“ (Ps. 487). In dieser Einheit also sowie in der Denkeinheit haben wir ein Zusammen von mehrerem Besonderen oder Unterschiedenen, d. h. eine zergliederte Einheit. Aber die Denkeinheit unterscheidet sich von jener dadurch, dass wir in ihr „die mehreren Besonderen in einer *besonderen* Einheit vereint oder verknüpft“, d. h. die zerlegte Einheit als eine *besondere* Einheit, haben. (ibid. 496).

Worin besteht nun die Besonderheit? Sie besteht darin, dass die in sich unterschiedene Einheit als ein Besonderes, auch von anderem Unterschiedenes, auftritt. Rehmke sagt (Ps. 491): „Ist die Denkeinheit immer die besondere Einheit von Mehrerem, das die zerlegte ursprüngliche Einheit bildet, so müssen wir das unterscheidende Denken nicht nur als deren notwendige Voraussetzung, ohne welches das vereinende Denken nicht vereinbares Mehreres zur Verfügung hätte, ansehen, sondern es zugleich als ein notwendiges Moment der Denkeinheit selbst anerkennen und erklären: Denkeinheit, d. h. Mehreres als besondere Einheit, hat die denkende Seele auf Grund des schon gegebenen Unterschiedenen nur, wenn sie als unterscheidendes und als vereinendes Bewusstsein zugleich auftritt. Denn dazu, dass

Mehreres eine *besondere* Einheit sei, genügt es nicht, dass es als Einheit gegeben ist, sondern es ist auch nötig, dass sie als ein Besonderes von anderem unterschieden sei. Unterscheidendes und vereinendes Denken ist also diejenige Bestimmtheit der Seele, welche Mehreres als besondere d. h. als Denkeinheit hat; nur weil die Seele dieses Mehrere von anderem *unterscheidet*, kann sie dasselbe zugleich als besondere Einheit haben."

Es gilt nun die Grenzen zwischen der zerlegten nicht besonderen Einheit und der Denkeinheit abzustecken. Rehmke hat keine besonderen Angaben darüber gemacht. Aber aus der Charakterisierung der nicht besonderen Einheit, welche alles Unterschiedene qua Unterschiedenes oder Bewusstseinsinhalt verknüpft, folgern wir, dass sie das Umfassendere, die Denkeinheit in sich Einschliessende ist. Wir glauben nicht fehl zu gehen, wenn wir sie mit Schuppes logischer Einheit identifizieren. Es ist, wenn wir den Terminus „logische Einheit" recht deuten, die Einheit, in welcher sich jegliches Unterschiedene der Reflexion als ein in *gleicher Zeit* dem Bewusstsein gegenwärtig Gewesenes darstellt, unter welche Einheit dann auch selbstverständlich das in besonderer Einheit Verknüpfte fällt. Wir glauben uns zu dieser Anwendung des Begriffs „logische Einheit" berechtigt, weil Schuppe nicht nur die Abstracta Identität und Unterschiedenheit als solche bezeichnet, sondern (Grdriss S. 45) auch „das Verschiedene", also Concretes, als logische Einheit begreift und andererseits gelegentlich auch Zusammengehörigkeit unter diesen Begriff subsumiert. Die besondere Einheit fassen wir entsprechend als reale Einheit auf, d. h. als eine Einheit, in der wir ein zwischen dem Verknüpften bestehendes sachliches Verhältnis erkennen.

Demgemäss würde uns die Antwort auf die Frage, welcher Einheit wir die Einheitsarten, welche Rehmke auf Seite 290 und Seite 529 seiner Psychologie zusammenstellt, unterzuordnen haben, nicht schwer fallen, auch wenn Rehmke (es ist dies übrigens der einzige Hinweis, den er giebt) nicht als Bedingung für das Deutlichhaben die „*besondere* Einheit von Unterschiedenen“ nennte (Ps. S. 522). Die Arten des Zusammens, die er anführt, sind also Arten der *besonderen* Einheit. Rehmke bezeichnet als solche: „zeitliche Einheit des Nacheinander, zeitliche Einheit des Zugleichseins, räumliche Einheit des Auseinander, begriffliche Einheit im Zugleichsein (Gattung und Besonderheit sowie die Momente des Augenblicks-Individuums), begriffliche Einheit im Nacheinander (Ursache und Wirkung) (Ps. S. 290).

Rehmke nennt also neben den Zusammengehörigkeiten Schuppes, welche dieser unter dem Begriffe der Notwendigkeit oder des kausalen Verknüpftseins vereinigt, noch drei andere. Dabei kommt dem zeitlichen Zusammen eine bevorzugte Stellung zu, insofern es, wie Rehmke nachweist, „immer auch gegeben ist und zu Grunde liegt, wann ein räumliches Zusammen, sowie wann ein begriffliches oder ursächliches Zusammen Bestimmtheit des Bewusstseins ist“ (Ps. 529). Es sei darauf aufmerksam gemacht, dass hier die alle übrigen Einheiten umspannende zeitliche Einheit eine andere Bedeutung hat, als da, wo wir sie als das die „logische Einheit“ Ausmachende ansahen. Hier bedingt sie eben ein reales Zusammen, dergestalt, dass die Erkenntnis vom räumlichen sowie begrifflichen und ursächlichem Zusammen immer zugleich die Erkenntnis von zeitlicher Einheit in sich schliesst, während in dem obigen Falle die Erkenntnis der zeitlichen Einheit des Wahrgenommenen oder Vorgestellten eines besonderen Aktes der Reflexion bedarf.

Aus der Thatsache, dass „räumliches sowie begriffliches und ursächliches Zusammen als Bestimmtheit des Bewusstseins stets zeitliches Zusammen zur Unterlage haben, also in sich tragen, und zwar das räumliche Zusammen entweder die Einheit des Zugleich oder des Nacheinander . . . also diese drei letzten Einheiten immer die zeitliche Einheit in sich schliessen“, folgt, dass sie sich der Seele als eine Doppeleinheit bieten und als solche gegenüber der einfachen zeitlichen Einheit auszeichnen (Ps. 529 ff). Der Grad der

Geschlossenheit des Zusammens ist also bei ihnen ein stärkerer. Rehmke bezeichnet deshalb diese drei Einheiten gegenüber der einfachen Einheit des bloss zeitlichen Zusammens als *geschlossene* Einheit. Auf die Frage, welche von diesen drei Einheiten wiederum die geschlossenste sei, antwortet Rehmke folgendermassen: „Man könnte ja geneigt sein, wenigstens das begriffliche und das ursächliche Zusammen als geschlossene Einheiten gegenüber dem räumlichen Zusammen anzusehen, ohne freilich wieder zwischen diesen beiden eine Verschiedenheit in dieser Hinsicht festzustellen. Diese beiden haben in der That das Bewusstsein der *Notwendigkeit* als das ihre Glieder zusammenschliessende besondere Band, während solch ein besonderes Einheitsband das räumliche Zusammen nicht aufzuweisen hat." Die Meinung, dass die beiden Notwendigkeitseinheiten einen höheren Grad von Geschlossenheit zu haben scheinen als die Einheit des räumlichen Zusammens, habe „einen Schein des Rechtes daher, dass in den als Beispiele und Veranlassung dieser Meinung dienenden Fällen das begriffliche und das ursächliche Zusammen nicht nur ein zeitliches, sondern auch ein räumliches Zusammen in sich schliesst oder zur Unterlage hat. Dies ist stets der Fall, wenn es sich um ein notwendiges Zusammen von Anschaulichem handelt. In solchen Fällen liegt also thatsächlich nicht nur eine Doppeleinheit, sondern eine *dreifache* Einheit vor" (Ps. 530).

Was das vergleichende Denken anbetrifft, welches vielfach, so bei Kant und Wundt, als eine dem Zusammenfassen koordinierte Spezies des Denkens aufgefasst wird, so hält Rehmke dasselbe nicht für eine dritte Bewusstseinsbestimmtheit neben Unterscheiden und Vereinen, sondern es ist nach ihm nichts „anderes als Unterscheiden *und* Vereinen, nichts anderes als Unterschiedenes und Vereintes haben"; und zwar dürfte die Einheit des Verglichenen immer die begriffliche Einheit sein.

Schuppe führt das Vergleichen einzig auf das Identitätsprinzip zurück, wenn er sagt: „Die Urteile, dieses ist dasselbe wie jenes und dieses ist nicht dasselbe oder etwas anderes als jenes, entstehen nicht durch ein neues Prinzip, sondern es ist die unmittelbare Wirkung der Aufnahme ins Bewusstsein, dass das Fixierte sich als dasselbe oder als etwas anderes zeigt als alles, womit es im Bewusstsein zusammentrifft." Man könnte nun geneigt sein, das Wiedererkennen als eine Art des vergleichenden Denkens anzusehen. Diese Ansicht weist Rehmke ab. „Die wiederholte bekannte Wahrnehmung [hat] nicht in solchem Wiedererkennen eine Vorstellung gleichen Inhaltes neben sich". Dieses widerspräche dem Gesetze des Vorstellens, nach welchem die auftretende Vorstellung ihrem gegenständlichen Inhalte nach stets etwas anderes ist als die das Vorstellen veranlassende Bewusstseinsbestimmtheit, welche hier die wiederholte Wahrnehmung ist. Die andere Vorstellung, welche wir haben, wenn wir etwas als Bekanntes haben, ist nicht eine der wiederholten Wahrnehmung gleiche oder ähnliche, sondern die Vorstellung des „Früher" oder „Schon", welche mit dieser Wahrnehmung sich verbunden zeigt." (Psych. 510). Das Wiedererkennen beruht also auf dem das Früher und Jetzt, Vergangenheit und Gegenwart unterscheidendem Denken (ibid. 512). Aus der Thatsache, dass dieses Zeitbewusstsein in einfachster Form schon frühzeitig der Seele eigen ist, ergiebt sich für uns die Berechtigung, „das Bekanntsein auch als Bewusstseinsbestimmtheit schon des frühen Seelenlebens" anzunehmen.

Zum Schlusse sei noch darauf hingewiesen, dass Schuppe neben der in der vorliegenden Arbeit behandelten spezielleren Bedeutung des Denkens, unter welcher wir die zwischen den Empfindungsinhalten bestehenden Verhältnisse und Beziehungen verstanden, diesen Terminus, dem Sprachgebrauch folgend, noch in einem weiteren Sinne braucht. In diesem ist Denken identisch mit „Im-Bewusstsein-haben". Hier stehen dem Denken nicht die abstrakten Sinnesdata gegenüber sondern die konkreten Bewusstseinsinhalte, die Welt der Dinge und Ereignisse; und das Denken ist bloss das Sich-ihrer-Bewusstsein, ihre Anwesenheit im Bewusstsein als Objekte. Die

Verwendung des Begriffs Denken als gemeinsamen Namens für Wahrnehmen und Vorstellen, wie sie sich in der bekannten Einteilung des Seelenlebens in Denken, Fühlen und Wollen zeigt und z. B. in Grimms Wörterbuch[1]) findet, hat Schuppe nicht. Auch Rehmke hat dieselbe abgelehnt und mit triftigen Gründen als unhaltbhr nachgewiesen. (Ps. 147 u. 492.)

[1]) Bd. II, 2 unter „Denken".

Lebenslauf.

Verfasser, Heinrich Robert Richard Herrmann, evangelischer Konfession, wurde am 30. Juni 1871 zu Unruhstadt, Kr. Bomst, Prov. Posen als Sohn des Mühlenbesitzers Robert Herrmann und seiner Ehefrau Auguste geb. Michaelis geboren. Er besuchte von Ostern 1882 ab das Pädagogium zu Züllichau, welches er zu Michaelis 1890 mit dem Zeugnis der Reife verliess, und studierte bis Ostern 1891 in Berlin, von da bis Ostern 1892 in Tübingen Theologie, darauf in Halle Philologie und kehrte 1892 nach Berlin zurück, um hier sein Studium zu beendigen. Durch seinen Freund W. Burkhardt in Unruhstadt, aus dessen anregenden Gesprächen er für seine philosophische Bildung viel Förderndes gewonnen hat, auf die Schuppe'sche Logik hingewiesen und zuerst in dieselbe eingeführt, änderte er seine Absicht und bezog Ostern 1893 die Universität Greifswald, der er bis Michaelis 1894 als akademischer Bürger angehörte. Er hörte die Vorlesungen folgender Professoren und Dozenten:

in Berlin: der Herren *du Bois-Reymond, Delbrück, Ebbinghaus, Harnack, Kaftan, Kleinert, Müller, Oldenberg, Paulsen, Erich Schmidt, Simmel, v. Soden, Strack, Titius, v. Treitschke, Wagner.*

in Tübingen: der Herren *Buder, Grill, Kübel, v. Kugler, v. Sigwart, Spitta, v. Weizsäcker.*

in Halle: der Herren *Beyschlag, Burdach, B. Erdmann, Haym, Meyer.*

in Greifswald: der Herren *Baethgen, Bruinier, Cremer, v. Nathusius, Norden, Rehmke, Reifferscheid, Schuppe, Siebs, Zöckler.*

Allen diesen seinen hochverehrten Lehrern ist Verfasser zu grösstem Danke verpflichtet, besonders aber Herrn Geheimrat Schuppe und Herrn Professor Rehmke, welche von bestimmendem Einfluss auf seine philosophischen Studien gewesen sind. Auch verdankt Verfasser Herrn Professor Rehmke die Anregung zu der vorliegenden Arbeit.

Thesen.

1. Die philosophische Ethik ist keine normative Wissenschaft.
2. In der modernen Litteratur gilt nicht mehr das Drama sondern der Roman als Hauptgattung der Poesie.
3. Im „Siegesfest“ lehnt sich Schiller stellenweise an den Philoktet des Sophokles an.